FRANCE

MIDI
MINUIT

ONZE HEURES — ONZE — *moins cinq*
DIX HEURES — DIX — *moins dix*
NEUF HEURES — NEUF — *moins le quart*
HUIT HEURES — HUIT — *moins vingt*
— *moins vingt-cinq*
SEPT HEURES — SEPT
SIX HEURES — SIX — *et demie*
CINQ HEURES — CINQ — *vingt-cinq*
QUATRE HEURES — QUATRE — *vingt*
TROIS HEURES — TROIS — *et quart*
DEUX HEURES — DEUX — *dix*
UNE HEURE — *cinq*

Les nombres 1—20

1 un	11 onze
2 deux	12 douze
3 trois	13 treize
4 quatre	14 quatorze
5 cinq	15 quinze
6 six	16 seize
7 sept	17 dix-sept
8 huit	18 dix-huit
9 neuf	19 dix-neuf
10 dix	20 vingt

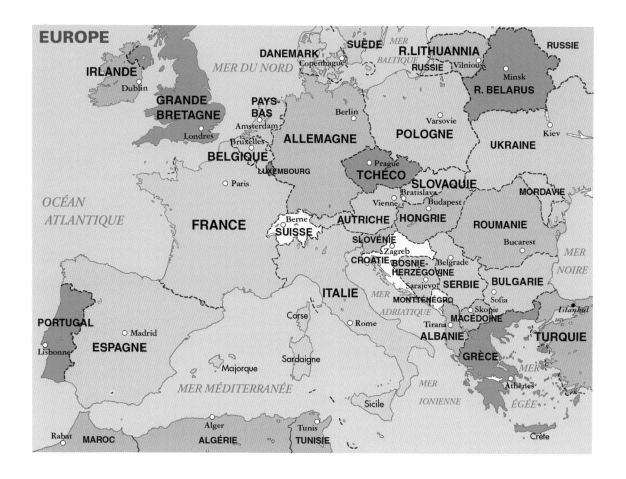

Les adjectifs de couleur

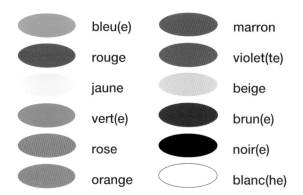

bleu(e)

rouge

jaune

vert(e)

rose

orange

marron

violet(te)

beige

brun(e)

noir(e)

blanc(he)

Les jours de la semaine

lundi

mardi

mercredi

jeudi

vendredi

samedi

dimanche

Les saisons	Les mois de l'année
l'hiver	janvier
	février
	mars
le printemps	avril
	mai
	juin
l'été	juillet
	août
	septembre
l'automne	octobre
	novembre
	décembre

nouvelle **grammaire** systématique du français

Hidenori KURAKATA

SOBI-SHUPPANSHA

フランス語文法を学ぶ皆さんへ

　皆さんが手にしているこの本は，現在刊行されているフランス語文法の教科書としては，おそらく，もっとも内容の充実した一冊です．自習書としても使えるほど詳しい解説と用例が載っており，実力を養成する選りすぐりの練習問題が各課に付随しています．また，豊富な内容を効率よく学習できるような配慮が随所でなされています．見やすいレイアウトと図表，日本語訳のついた例文，さらには注記やポイント解説のコラムなどが，明確で合理的な理解を助け，知識を深め広げてくれます．

　フランス語文法をマスターするために学ぶべき事柄は少なくありません．それらの事柄のどれをどのような順番で学ぶかによって，学習効果が大きく左右されます．本書では，フランス語の発音や綴り字から始めて，基礎から中級レベルのフランス語学習に必要な文法事項を26の課で段階的に学んでいきます．それぞれの課に含まれている文法事項は互いに関連性が強く，ひとつのまとまりをなしていて，いわば，フランス語の文法体系における小体系を構成しています．段階が進むにつれて，それらが系統立って有機的に結合し，より大きな文法体系が形成されていきます．この教科書は断片的でばらばらな文法知識を提供するのではなく，一貫した「フランス語の論理」によって構築される「フランス語の文法体系」の全体像を提示することを目指しているのです．

　この教科書を使って十分な学習効果を得るために，少し細かくなりますが，勉強の仕方について次のことを守ってください．

　フランス語の勉強は授業だけで済んでしまうものではありません．自宅での丁寧な学習，とりわけ**予習が不可欠です**．少なくとも授業時間と同じだけの時間を授業の準備にかけてください．予習では，解説を読み例文を参照して，学習事項を把握します．耳と口の訓練も大事です．録音されたネーティブスピーカーの発音をよく聞いて繰り返します．録音された例文を覚えれば文法事項と自然なフランス語表現を同時に会得できるので，**すべてを暗唱できるようになるまで練習しましょう**．

　次に，練習問題に取り組みます．文法知識を確認し定着させるために**練習問題は非常に重要です**．その課の要点が網羅されている多様な練習問題をやり遂げるにはかなりの根気が要りますが，そこを乗り越えてこそ実力が備わるのです．辞書をこまめに引いて語句の意味や用法を調べ，文法の要点を確かめながら，問題の答えを見つけましょう．解答は，教科書に書き入れるのではなく，**フランス語文の全文をノートに書いてください**．書き終えたらそれを声に出して読みます．ノートには語句や文の意味だけでなく注意点も記入するなど，各自が自分に役立つ学習の手引きを作りましょう．入念に予習をして授業に臨めば，授業時間内に学習内容をしっかり身につけることができます．

　文法の確固とした基盤がいかに大切で有用であるかは，フランス語を学び続けるにつれて実感されることでしょう．学習途上では確かに苦労も多いですが，そのことをネガティブにとらえずに，言葉の仕組みが少しずつ解き明かされる過程での知的発見を楽しみつつ，フランス語力が確実に高まってゆく充実感，達成感を味わってもらいたいと願っています．皆さんの熱意を信じ努力を期待しています．

著　者

目　次

目　次

音声について
　本書の音声は次のホームページ (http://www.sobi-shuppansha.com) から下記の方法で聞くことができます．（000）のような頭出し番号の入った箇所が録音されています．（◆の注の録音はヘッドホーンマーク 🎧 のついている箇所のみ）
　音声ダウンロード：MP3ファイルの入った圧縮ファイルをパソコンでダウンロードし、解凍したあと再生できます。
　オンライン再生　：頭出し番号をクリックすると音声が再生されます。ダウンロードはできません。

nouvelle
grammaire
systématique
du français

音と綴り　*Sons et orthographe*

1. 母 音　*Voyelles*　002

（1）口腔母音　*Voyelles orales*

呼気が口腔内を通過して発音されるふつうの母音を，鼻母音と区別するために，**口腔母音**と呼ぶ．口腔母音の音色は主として次の3点で決まる．

- 唇の形：唇を左右に引くか，丸く突き出すか．
- 舌の盛り上がり：舌のどの部分を盛り上げるか．
- 口の開き：口をどの程度開くか．

唇の形		左右に引く		丸く突き出す	
舌の盛り上がり		前方		後方	
口の開き	狭 ↑ ↓ 広	/i/ [1] 　 /e/ [2] 　/ɛ/ [3]	[9] /y/ [10] /ø/ 　[11] /œ/	/ə/ [12]	/u/ [5] 　/o/ [6] 　/ɔ/ [7]
		/a/ [4]		/ɑ/ [8]	

（数字は録音の順序を示している）

◆フランス語の母音は英語や日本語より「はっきり」している．途中で音色の変わる二重母音などはない．

◆左の図で ⋯ で囲んだ母音は口の開きの度合いが異なるが，初歩の段階では同じ音で発音しても差しつかえない．

（2）鼻母音　*Voyelles nasales*　003

発音の際に鼻腔の共鳴を伴う母音を**鼻母音**といい，発音記号の上に～をつけて表わす．発音のコツとしては，例えば「ア」を発音してから，口の開きと舌を位置を変えずに，すばやく「アン」を発音する．

/ɛ/ ⟶ /ɛ̃/	/œ/ ⟶ /œ̃/	/ɑ/ ⟶ /ɑ̃/	/o/ ⟶ /ɔ̃/

◆/ɔ̃/は /o/ のように口をすぼめる．

◆ /œ̃/ と /ɛ̃/ を区別せず一律に /ɛ̃/ と発音するのが現在では一般的である．したがって，発音表記で /œ̃/ となっていても /ɛ̃/ で発音してかまわない．

（3）半母音　*Semi-voyelles*　004

音色は母音的でありながら，単独では音節を作ることができないものを**半母音**（または半子音）という．フランス語には，もっとも狭い母音 /i/, /y/, /u/ に対応する3つの半母音があり，それぞれ /j/, /ɥ/, /w/ の記号で表わす．/j/, /w/ は英語の *yes* や *west* の最初の音（英語では子音として扱われる）とほぼ同じ．

/i/ ⟶ /j/	/y/ ⟶ /ɥ/	/u/ ⟶ /w/

（＊録音では，/i-a/ → /ja/，/y-a/→/ɥa/，/u-a/→/wa/ と発音している）

2. 子 音　*Consonnes*　005

子音は調音に関する次のような違いによって分類することができる．①発音するときの呼気の通路が口か鼻か，②通路が閉じるか狭まるか，③通路のどの部位が閉じるか狭まるか．閉鎖音と摩擦音はさらに無声音（声帯が振動しない）と有声音（声帯が振動する）に分かれる．フランス語の子音は英語より種類が少なく，/h/, /ts/, /dz/, /tʃ/, /dʒ/, /θ/, /ð/ などの子音はない．

閉鎖音	無声 有声	/p/ /t/ /k/ /b/ /d/ /g/	摩擦音	無声 有声	/f/ /s/ /ʃ/ /v/ /z/ /ʒ/
鼻 音		/m/ /n/ /ɲ/	流 音		/l/ /r/

◆英語からの借用語では /ts/, /dz/, /tʃ/, /dʒ/, /ŋ/ など発音することもある．

◆ 全般的に，子音は英語や日本語に比べ，調音の部位が前寄りである．たとえば，/t/, /d/, /n/, /l/ は，英語ではふつう舌の先を上の歯茎に当てて発音するが，フランス語では，舌先の位置がより前方になり，上の前歯の裏に当てて発音する．/ʃ/, /ʒ/ は，舌先を上に向け，唇を前に突き出して発音する．英語の鼻音の /ŋ/ は舌の奥を口蓋の奥に押しつけるが，フランス語の/ɲ/ は舌の背を口蓋の中ほどに押しつけて発音する（音色としては「ニャ，ニュ，ニョ」の最初の音に近い）．

◆ /r/ は，現用の標準的なフランス語では，舌先ではなく舌の後ろのほうを動かして発音する．要領としては，舌の後部を上あご（＝軟口蓋）に近づけながら，「ガ」を柔らかく出すようにするとよい．

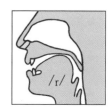

3. アルファベ　*Alphabet*　006

A a	**B b**	**C c**	**D d**	**E e**	**F f**	**G g**	**H h**	**I i**
/ɑ/	/be/	/se/	/de/	/ə/	/ɛf/	/ʒe/	/aʃ/	/i/

J j	**K k**	**L l**	**M m**	**N n**	**O o**	**P p**	**Q q**	**R r**
/ʒi/	/kɑ/	/ɛl/	/ɛm/	/ɛn/	/o/	/pe/	/ky/	/ɛːr/

S s	**T t**	**U u**	**V v**	**W w**	**X x**	**Y y**	**Z z**
/ɛs/	/te/	/y/	/ve/	/du-blə-ve/	/iks/	/i-grɛk/	/zɛd/

◆ w の名称は「二重の v（double v）」，y の名称は「ギリシャ語の i（i grec）」という意味．
◆ 単語の綴りには，o と e が合体した文字の œ も用いられる．

筆記体　*Aa Bb Cc Dd Ee Ff Gg Hh Ii Jj Kk Ll Mm Nn Oo Pp Qq Rr Ss Tt Uu Vv Ww Xx Yy Zz*

◆ 上記の筆記体は習字の手本のようなもので，実際は，かなり個性的な書き方をする人が多い．
◆ 大文字は英語式に書いてもよいが，T の最後は必ず右に向けること．英語式に左向きにはねると I と間違われる．また，小文字の p, q の書き方も英語とやや異なる．

4. 綴り字記号　*Signes orthographiques*　007

綴り字記号はアルファベの綴りを補う補助記号である．綴り字記号は語の綴りの一部なので，原則として，省略することはできない．

記号	名称		例
´	アクサン・テギュ	accent aigu	é
`	アクサン・グラーヴ	accent grave	à, è, ù
^	アクサン・シルコンフレクス	accent circonflexe	â, ê, î, ô, û
••	トレマ	tréma	ë, ï, ü
¸	セディーユ	cédille	ç
'	アポストロフ［アポストロフィー］	apostrophe	
–	トレ・デュニオン［ハイフン］	trait d'union	

◆ 上の最初の3つの記号をアクサン（またはアクサン記号）という．アクサンとトレマは母音字の上につくが，どの母音字にもつくわけではない（たとえば，アクサン・テギュは e の上にしかつかない）．
◆ アクサンのつく文字を大文字で書く場合は，アクサンを省略してもよいことになっている．もちろん，つけてもかまわないので，綴り字をしっかり覚えるためにアクサンを省略せずに書くといいだろう．

5. 綴り字の読み方 008

　フランス語は綴り字の読み方に規則性がある．綴り字の読み方の原則を覚えれば，いちいち辞書で発音を調べる手間が省け，意味が分からないとしても，とりあえず読むことはできる．これから綴り字の読み方をかなり詳しく見ていくが，その前に単語を読む上での基本的な注意点をあげておく．

- 発音表記には音節の切れ目を - で示してある．ひとつの音節を1拍に数えて，それぞれの音節をはっきりと同じ強さで発音する．フランス語では単語の最後の音節にアクセントがあるので，最後の音節は（音程は低くても）より強く発音する．
- 長音記号（:）のついた母音は長く発音するが，音色は短母音と同じである．二重母音にならないように（たとえば /ε:/ を /εi/, /o:/ を /ou/ と発音しないように）注意しなさい．
- 単語の終わりの e は無音であって，「エ」とは読まない．
- 単語の終わりの子音字は読まないのがふつうであるが，例外的な場合もあり，とりわけ c /k/, f /f/, l /l/, r /r/ は読むことが多いので注意するように（ちなみに，それらは英語の *careful* に含まれる子音字）．

(1) 口腔母音を表わす綴り字

　母音字を単独で読む場合と，いくつかの母音字をまとめて読む場合とがある．前者を**単母音字**，後者を**複母音字**という．単母音字も複母音字も，原則として，読み方は1つしかない（音色の類似した /a/ と /ɑ/, /e/ と /ε/, /o/ と /ɔ/, /ø/ と /œ/ などは区別しなくてもよい）．

　単母音字はほぼ「ローマ字式」で読むが，u は /u/ ではなく /y/ なので注意．また，アクサンのつかない e は，大別して2つの読み方がある．e 以外の単母音字および複母音字はアクサンがあってもなくても読み方は同じ（アクサンは，多くの場合，同じ綴りの単語を区別するためについている）．

綴り字		音	例	注
a **à** **â**		/a/ /ɑ/	sac /sak/ バッグ là /la/ そこ gâteau /gɑ-to/ ケーキ	
e **é** **è** **ê** 	 **ai** **aî** **ei**	/e/ /ε/	nez /ne/ 鼻 chef /ʃεf/ （集団・組織の）長 merci /mεr-si/ ありがとう bébé /be-be/ 赤ん坊 père /pε:r/ 父 tête /tεt/ 頭 maison /mε-zɔ̃/ 家 naître /nεtr/ 生まれる beige /bε:ʒ/ ベージュ色の	*e を /e/, /ε/ と読むのは，〈e＋単語の最後の子音字〉または〈e＋2つ以上の子音字〉の場合．（詳しくは巻末111ページの「発音」を参照） *例外（e を /a/ と読む）: femme /fam/ 女 *aï は /a-i/: naïf /na-if/ お人よしの（トレマのついた母音字は直前の母音字と別々に読む）
e		/(ə)/	vie /vi/ 生活 rose /ro:z/ バラ petit /pə-ti/ 小さい	*単語の最後の e は無音． *〈e＋1つの子音字＋母音字〉の e は一般に /ə/. ただし，ふつうの速さの発音ではしばしば無音になる．
i **î** **y**		/i/	midi /mi-di/ 正午 île /il/ 島 stylo /sti-lo/ ペン	*y を /i/ と読むのは，〈子音字＋y＋子音字〉の場合
o **ô** 	 **au** **eau**	/o/ /ɔ/	moto /mɔ-to/ オートバイ hôtel /o-tεl/ ホテル chaud /ʃo/ 熱い，暑い beau /bo/ 美しい	*o は一般に /ɔ/ だが，語の最後では狭い /o/. *ô, au, eau の綴り字は一般に /o/.

u û	/y/	musée /my-ze/ 美術館 sûr /sy:r/ 確かな	
ou où oû	/u/	rouge /ru:ʒ/ 赤い où /u/ どこ goût /gu/ 味, 好み	
eu œu	/ø/ /œ/	deux /dø/ 2 jeune /ʒœn/ 若い sœur /sœ:r/ 姉, 妹	＊一般に, 語の最後で, 後に子音の発音がない場合は /ø/, それ以外では/œ/.

(2) 鼻母音を表わす綴り字 [009]

〈母音字＋n または m〉は一般に鼻母音で発音する. n と m のどちらの綴りも発音は同じ. 原則として, b, p の前で m と綴り, それ以外では n と綴るが, 下記の faim, Reims, nom, parfum など少数の例外がある.

綴り字	音	例	注
an am en em	/ɑ̃/	chanter /ʃɑ̃-te/ 歌う lampe /lɑ̃:p/ 電灯 encore /ɑ̃-kɔ:r/ まだ temps /tɑ̃/ 時；天候	＊3人称複数語尾の -ent は無音： ils chantent /il-ʃɑ̃:t/ 彼らは歌う ＊例外 (/ɛ̃/と発音する)： examen /ɛg-za-mɛ̃/ 試験 agenda /a-ʒɛ̃-da/ 手帳

in
im
yn
ym
   ain
   aim
   ein
   eim
	/ɛ̃/	vin /vɛ̃/ ワイン
		simple /sɛ̃:pl/ 単純な
		syndicat /sɛ̃-di-ka/ 組合
		sympathique /sɛ̃-pa-tik/ 感じのいい
		pain /pɛ̃/ パン
		faim /fɛ̃/ 空腹
		peintre /pɛ̃:tr/ 画家
		Reims /rɛ̃:s/ ランス〔都市〕
			＊英語からの借用語での ing は /iŋ/：
			parking /par-kiŋ/ 駐車場

on om	/ɔ̃/	non /nɔ̃/ いいえ nom /nɔ̃/ 名前	＊例外 (/ə/と読む)： monsieur/mə-sjø/ …氏
un um	/œ̃/	lundi /lœ̃-di/ 月曜日 parfum /par-fœ̃/ 香水	＊/œ̃/ の代わりに/ɛ̃/と発音してもよい. ＊ラテン語由来の語の末尾の um は /ɔm/：album /al-bɔm/ アルバム
ien	/jɛ̃/	bien /bjɛ̃/ よく	＊語末の ience は /jɑ̃:s/： patience /pa-sjɑ̃:s/ 忍耐 science /sjɑ̃:s/ 科学
oyen	/wa-jɛ̃/	moyen /mwa-jɛ̃/ 中くらいの	
éen	/e-ɛ̃/	lycéen /li-se-ɛ̃/ 高校生	
oin	/wɛ̃/	coin /kwɛ̃/ 角, 隅	

◆ n, m の次に母音字がくるとき, および n, m が連続するときは鼻母音にならない：
animal /a-ni-mal/ 動物, lune /lyn/ 月, lycéenne /li-se-ɛn/ 女子高校生, grammaire /gra-mɛ:r/ 文法

(3) 半母音を表わす綴り字 010

i, y, u, ou は一般に母音の /i/, /y/, /u/ になるが，直後に他の母音が続く場合は，/i/, /y/, /u/ をその母音とつなげて発音するので，自然に半母音になる．ほかに，y や il を半母音の /j/ で読むことがある．

綴り字	音	例	注
i y u ou } + 母音	/j/ /ɥ/ /w/	piano /pja-no/ ピアノ yeux /jø/ 目 nuit /nɥi/ 夜 oui /wi/ はい	
oi oî oe oê	/wa/	chinois /ʃi-nwa/ 中国の boîte /bwat/ 箱 moelleux /mwa-lø/ 柔らかな poêle /pwal/ フライパン	*œ と oe は発音が異なるので注意. *oë は /ɔ-ɛ/ : Noël /nɔ-ɛl/ クリスマス （トレマのついた母音字は直前の母音字と別々に読む）
ay oy } + 母音 uy	/ɛ-j/ /wa-j/ /ɥi-j/	crayon /krɛ-jɔ̃/ 鉛筆 voyage /vwa-jaːʒ/ 旅行 essuyer /e-sɥi-je/ 拭く	*母音字の後の y は，y を ii に置き換えたと想定して読む： crayon = craiion (crai /krɛ/ + ion /jɔ̃/)
母音 + { il ill	/j/	travail /tra-vaj/ 仕事 bouteille /bu-tɛj/ 瓶 feuille /fœj/ 葉	
子音 + ill	/ij/	famille /fa-mij/ 家族 billet /bi-jɛ/ 切符	*〈子音字+il〉は /il/ または /i/ : familier /fa-mi-lje/ 親しい，outil /u-ti/ 道具 *例外：ville /vil/ 都市，mille /mil/ 千

(4) 子音を表わす綴り字 011

フランス語の子音字の多くは 1 つの読み方しかない．同じ子音字が 2 つ重なった**重子音字**は原則として単子音字と同じ発音になる．2 つの読み方をする場合は，読み分けを決める規則がある．

単子音字と重子音字のほかに，異なった 2 つの子音字が組み合わさった**複子音字** (= ch, gn, ph, rh, th) がある．ge, gu, qu などもまとめて 1 つの子音として読む．

綴り字	音	例	注
b	/b/	bon /bɔ̃/ よい	
	/p/ （s, c, t の前で）	absent /ap-sɑ̃/ 不在の	
bb	/b/	abbé /a-be/ 神父	
c	/s/ （e, i, y の前で）	cinéma /si-ne-ma/ 映画	
	/k/	école /e-kɔl/ 学校	
ç	/s/	leçon /lə-sɔ̃/ 授業；（教科書の）課	
cc	/ks/ （e, i, y の前で）	accident /ak-si-dɑ̃/ 事故	
	/k/	accord /a-kɔːr/ 一致	
ch	/ʃ/	chat /ʃa/ 猫	
	/k/ （多くは子音字の前で）	technique /tɛk-nik/ 技術の	

d		/d/	date /dat/ 日付 addition /a-di-sjɔ̃/ 勘定(書)	
f		/f/	froid /frwa/ 冷たい，寒い chiffre /ʃifr/ 数字	
g		/ʒ/ （e, i, y の前で）	argent /ar-ʒɑ̃/ お金	
		/g/	église /e-gliːz/ 教会	
	ge	/ʒ/ （a, o, u の前で）	pigeon /pi-ʒɔ̃/ 鳩	
	gu	/g/ （e, i, y の前で）	guide /gid/ ガイド	
	gn	/ɲ/	campagne /kɑ̃-paɲ/ 田舎	
h		/ /	habiter /a-bi-te/ 住む	
j		/ʒ/	jour /ʒuːr/ 日	
k		/k/	kilo /ki-lo/ キロ	*主として外来語で用いる.
l	ll	/l/	lait /lɛ/ ミルク aller /a-le/ 行く	*例外(lを読まない)： fils /fis/ 息子
m	mm	/m/	main /mɛ̃/ 手 sommeil /sɔ-mɛj/ 眠り	*例外(mを読まない)： automne /ɔ-tɔn/ 秋
n	nn	/n/	nouveau /nu-vo/ 新しい donner /dɔ-ne/ 与える	
p	pp	/p/	parler /par-le/ 話す apporter /a-pɔr-te/ 持ってくる	*例外(pを読まない)： sept /sɛt/ 7 compter /kɔ̃-te/ 数える
	ph	/f/	photo /fɔ-to/ 写真	
q	qu	/k/	cinq /sɛ̃ːk/ 5 musique /my-zik/ 音楽	*qは若干の語の語末でだけ，一般にはquと綴る.
r	rr	/r/	rue /ry/ 通り marron /ma-rɔ̃/ 栗	
s		/z/ （母音字の間で）	chaise /ʃɛːz/ 椅子	
		/s/	chanson /ʃɑ̃-sɔ̃/ 歌	
	ss	/s/	dessert /de-sɛːr/ デザート	
	sc	/s/ （e, i, y の前で）	piscine /pi-sin/ プール	
		/sk/	escalier /ɛs-ka-lje/ 階段	
t		/t/	très /trɛ/ とても	
		/s/ （-tion などで）	station /sta-sjɔ̃/ （地下鉄の）駅	
	tt	/t/	attendre /a-tɑ̃ːdr/ 待つ	
	th	/t/	thé /te/ 茶	
v		/v/	vite /vit/ 速く	
w		/w/	week-end /wi-kɛnd/ 週末	*主として外来語で用いる.
		/v/	wagon /va-gɔ̃/ 車両	
x		/gz/ （語頭の〈ex＋母音〉で）	exercice /ɛg-zɛr-sis/ 練習	
		/ks/	taxi /tak-si/ タクシー	
z		/z/	zéro /ze-ro/ ゼロ	

6. 連続する語と語のあいだで起こる現象 ⌜012⌟

　単語の個々の発音がわかるだけでは語群や文を正しく発音できない．次に見るような，単語間で生じる現象があるからである．こうした現象は，フランス語における〈子音＋母音〉を単位として発音しようとする傾向と，〈母音＋母音〉の連続を避けようとする傾向によって引き起こされるものである．

　　（＊アンシェヌマン，リエゾン，エリジヨンの詳細については巻末の「発音」の112ページと113ページを参照）

アンシェヌマン　*Enchaînement*

　単語の最後の子音を次の単語の最初の母音につなげて発音する現象．
　une /yn/ + école /e-kɔl/ → une école /y-ne-kɔl/　ある学校

　　＊冠詞と名詞のような緊密な関連のある語の間では必ずアンシェヌマンをするが，関連が弱い語の間では話すスピードによって異なる．
　　＊本書の第9課までの用例には，必ずアンシェヌマンをする箇所を⌢で示し，アンシェヌマンをしないこともあるがふつうのスピードで話すときはアンシェヌマンをするのが自然な箇所を⌢で示してある．

リエゾン　*Liaison*

　単語の最後のふつうは読まない子音字を読み，次の単語の最初の母音につなげて発音する現象．
　des /de/ + écoles /e-kɔl/ → des écoles /de-ze-kɔl/　いくつかの学校

　　＊リエゾンをするときは，s, x, z の綴り字は /z/，d の綴り字は /t/ と発音する．その他の子音字は綴り字の読み方の原則どおり．
　　＊必ずリエゾンをする場合やリエゾンをしてはならない場合がある．詳細については巻末113ページの「リエゾン」を参照．
　　＊本書の第14課までの用例には，必ずリエゾンをする箇所を‿で示し，リエゾンをしない注意すべき箇所を∣で示してある．

エリジヨン　*Élision*

　単語の最後の母音字を省略してアポストロフを書く表記上の現象．残った子音字は次の単語の最初の母音につなげて発音する．
　la /la/ + école /e-kɔl/ → l'école /le-kɔl/　その学校

　　＊エリジヨンによってアポストロフの入る箇所は切り離して書く：○ *l'école* ×*lécole*
　　＊エリジヨンをする語は，冠詞や代名詞などの10数語だけであり，そのほとんどを文法学習の早い段階で学ぶ．

7. アクセントとリズムグループ　*Accent tonique et groupe rythmique*

　フランス語のアクセントは強弱のアクセントである．つまり，アクセントのある音節は他の音節よりも強く（その結果やや長めに）発音される．
　アクセントの位置は一定しており，常に語や語群の**最終音節**にある．すなわち，単語を単独で読むときはその最終音節にアクセントをおくが，文中ではひとつひとつの単語のアクセントはなくなり，意味・構文上のまとまりをなす語群（多くは名詞あるいは動詞を中心とした語群）の最後の音節だけがアクセントをもつ．最終音節にアクセントをもつこうした語群を**リズムグループ**という．音楽にたとえれば，リズムグループは小節に相当する．
　リズムグループ内の各音節は等間隔の弱拍で，最終音節だけが強拍となり，[弱・強]，[弱・弱・強]，[弱・弱・弱・強]のようなリズムを刻む．ただし弱拍も英語などに比べればかなり強く，強弱の差が少ないので，日本語（の仮名）をはっきりと発音するような感じに近い．

8. イントネーション　*Intonation*　013

　文のイントネーションは比較的平板である．一般には，リズムグループ内の弱拍の音程はほぼ一定しており，最終音節の強拍でのみ音程が変化する．平叙文のイントネーションは，文中のリズムグループの終わりで上昇し，文末のリズムグループの終わりで下降する．いくつものリズムグループを含む文では，文の前半部分の最終音節で音程が最も高くなる．

例：（私はプロヴァンスの小さな町で休暇を過ごした．）
J'ai passé mes vacances dans une petite ville en Provence.

イントネーション	→ → ↗ → → ↗ → → → → ↗ → → ↘
リズム	・ ・ ● ・ ・ ● ・ ・ ・ ● ・ ●

9. 母音の長さ　*Durée des voyelles*　014

　フランス語では，日本語の「鳥」/tori/ と「通り」/to:ri/ のように母音の長さによって語の意味の違いが起こることはない．また，英語の *sit* /sit/ と *seat* /si:t/ のように短母音と長母音で音色が異なることもない．フランス語の母音の長さの違いは，単語に固有なものではなく，音声条件（アクセントの有無，母音の種類，後続子音の有無と種類など）によって，いわば生理的な現象として自然に生じるものである．

(1) アクセントのない母音は常に短い．
(2) アクセントをもつ母音は，次の場合に特に長くなる．
　(a) /v/, /z/, /ʒ/, /r/, /vr/ の前で (母音はどれでもよい)
　　élève /e-lɛ:v/ 生徒　église /e-gli:z/ 教会　courage /ku-ra:ʒ/ 勇気　fleur /flœ:r/ 花　livre /li:vr/ 本
　(b) 鼻母音および /ɑ/, /o/, /ø/ の後で子音を発音するとき (子音はどれでもよい)
　　dimanche /di-mɑ̃:ʃ/ 日曜日　monde /mɔ̃:d/ 世界　épaule /e-po:l/ 肩

　したがって，語形変化や，位置の違いなどによって，同じ語の同じ母音が長くなったり短くなったりすることがある．
　un Français /œ̃-frɑ̃-sɛ/ フランス人男性 ― une Française /yn-frɑ̃-sɛ:z/ フランス人女性
　je chante /ʒə-ʃɑ̃:t/ 私は歌う ― nous chantons /nu-ʃɑ̃-tɔ̃/ 私たちは歌う
　la dernière année /la-dɛr-njɛ-ra-ne/ 最後の年 ― l'année dernière /la-ne-dɛr-njɛ:r/ 去年

10. 句読記号　*Signes de ponctuation*　015

　フランス語の文で用いる句読記号は，引用符以外は，ほぼ英語と同じである．

記号	名称	フランス語
．	終止符，ポワン [ピリオド]	point (final)
?	疑問符	point d'interrogation
!	感嘆符	point d'exclamation
…	中断符	points de suspension
,	ヴィルギュル [コンマ]	virgule
;	ポワン・ヴィルギュル [セミコロン]	point-virgule
:	ドゥポワン [コロン]	deux-points
« »	引用符，ギユメ	guillemets
( )	丸かっこ	parenthèses
[ ]	角かっこ	crochets
―	ティレ [ダッシュ]	tiret

Leçon 1 名詞と冠詞

　フランス語文法では，**名詞**のひとつひとつが**男性**か**女性**かに決められている．文の中で，名詞は**単数**あるいは**複数**のいずれかの形で用いられ，原則として**冠詞**がつく．冠詞と名詞は密接に結びついており，アンシェヌマン・リエゾン・エリジヨンなどの現象が起こる．

§1　名詞　016

名詞の性 ― 男性名詞 (*nom masculin*) / 女性名詞 (*nom féminin*)

　人間および動物を表わす名詞の**文法上の性** (*genre*) は，一般に，**自然の性** (*sexe*) に一致する．事物・概念などを表わす名詞については，文法の決まり事として男性か女性のいずれかに分類されている．

	人・動物		無生物（事物・概念）など	
男性名詞の例	garçon père étudiant bœuf	男の子 父 男子学生 雄牛	arbre vin courage Japon	木 ワイン 勇気 日本
女性名詞の例	fille mère étudiante vache	女の子 母 女子学生 雌牛	fleur bière patience France	花 ビール 忍耐 フランス

　◆ 辞書では，男性名詞は 男 (あるいは *n.m.*)，女性名詞は 女 (あるいは *n.f.*) と示されている．
　◆ 人や動物を表わす名詞のなかには，上記の étudiant「男子学生」/ étudiante「女子学生」のように，男性を指す名詞の末尾を変えることによって女性を指す名詞を作ることのできるものがある．同じ語が語末の変化によって男性名詞にも女性名詞にも用いられるものは，辞書に 名 (あるいは *n.*) と記されている．

名詞の数 ― 単数形 (*singulier*) / 複数形 (*pluriel*)

　複数形は，原則として<u>単数形の末尾に s をつける</u>．この s は，語末の子音字を発音しないという原則どおり，無音なので，単数形と複数形の発音は変わらない．

　名詞の単数形が s, x, z で終わる場合は，複数形でも形が変わらない．また，eau, ou, eu などで終わる語の多くは，複数のしるしとして s ではなく x をつける．詳しくは巻末114ページの一覧を参照のこと．

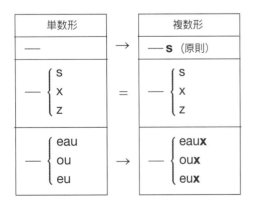

　◆ TGV や CD, DVD など，連続する単語の頭文字を用いた略語 (=頭字語) は，複数でも同じ形である：
　　un TGV, des TGV ; un CD, des CD

§2　冠詞　017

[種類と形] フランス語の**冠詞**は3種類ある．冠詞は名詞の性と数に一致した形のものを用いる．
（＊下記の表の [ ] の中は母音の前での形）

(1) 定冠詞 (*article défini*)

	単数	複数
男性	**le** [l']	**les**
女性	**la** [l']	

le musée	→	*les* musées	美術館
*l'*hôtel	→	*les* hôtels	ホテル
la banque	→	*les* banques	銀行
*l'*école	→	*les* écoles	学校

(2) 不定冠詞 (*article indéfini*) 018

	単数	複数
男性	**un**	**des**
女性	**une**	

un musée	→	*des* musées
un hôtel	→	*des* hôtels
une banque	→	*des* banques
une école	→	*des* écoles

(3) 部分冠詞 (*article partitif*) 019

	単数	
男性	**du**	[de l']
女性	**de la**	[de l']

du vin	ワイン	*de l'*argent	お金；銀
du courage	勇気		
de la viande	肉	*de l'*eau	水
de la patience	忍耐		

[用法] 原則として，名詞にはいずれかの冠詞をつける．冠詞は次のような基準にもとづいて使い分ける．

（1）特定か不特定か

「特定」とは，場面や文脈や常識によって，指している人や物がどれであるかが聞き手にもわかる場合である．多くは，「その…，例の…」と言い表わすことができる．人名と都市名をのぞく固有名詞にも定冠詞をつける．

「不特定」とは，指している人や物が「どの…」であるかを聞き手が知らない場合やどれであるかを問題にしない場合のことをいう．一般に，人や物を初めて話題にするときは不特定である．「ある…」と言い表わすことができ，数えられるものを指す名詞には不定冠詞をつけ，数えられないものを指す名詞には部分冠詞をつける．

（2）個別か全体か

ある名称で呼ばれるもののいくつかあるいはいくらかの量を問題にする場合のほかに，その名称のものの全体について一般的に述べる場合があり，これを「総称」という．「…というもの」とか「…は総じて」という意味合いである．総称の場合，ふつう，個体 (=数えられるもの) を指す名詞は〈定冠詞＋名詞複数形〉で，個体でないもの (=数えられないもの) を指す名詞は〈定冠詞＋名詞単数形〉で表わす．

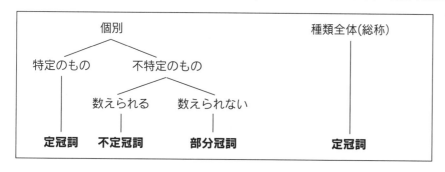

§3　3つの基本表現　020

　次の３つの表現は日常会話でよく用いられる基本表現である．表現を構成している個々の語について
は改めて学ぶが，いまのところはまとまった言い方として理解しておけばよい．

　（＊下記の見出しの ... の箇所には一般に冠詞つきの名詞が入る）

(1)　Voici ... / Voilà ...　（ほら）…がある[いる]，（ほら）…が見える

　人や物に相手の注意を向けさせるときに使う表現．名詞が複数でも voici, voilà は変化しない．voici は
近くのものを voilà は遠くのものを指すが，遠近を区別する必要のない場合は voilà を用いる．

Voici le séjour et *voilà* la cuisine.	ここがリビングルームでむこうがキッチンです．
Voilà la tour Eiffel.	ほらエッフェル塔が見えるよ．

(2)　C'est ... / Ce sont ...　それ[これ，あれ]は…だ

　人や物の正体・身元を明らかにするときに使う表現．名詞が単数の場合は c'est，複数の場合は ce
sont を用いる．問題になっているものを指示するだけであり，遠近による使いわけはない．

Voilà un pont. *C'est* le pont Mirabeau.	あそこに橋が見えます．あれはミラボー橋です．
Qui est-ce ?	あれは誰ですか？
— *C'est* Madame Martin, la mère de Paul.	— ポールの母のマルタンさんです．
Qu'est-ce que c'est ? *Ce sont* des crayons ?	それは何ですか？鉛筆ですか？
— Non, *ce sont* des stylos.	— いいえ，ペンです．

◆ 人を問う場合は Qui est-ce ? と言い，物を問う場合は Qu'est-ce que c'est ? と言う．こうした表現については §28
　で学ぶ．

◆ 「…ですか」と問う場合，日常会話では，平叙文の語順のままで文末の音程を上げる疑問文がよく用いられる．疑問
　文の詳細は §16 で学ぶ．

(3)　Il y a ...　…がある[いる]

　人や物が（ある場所に）存在していることを表わす表現．名詞が複数でも il y a は変化しない．ふつ
う il y a に後続する名詞には不定冠詞か部分冠詞がつき，場所を示す名詞には定冠詞がつく．

Il y a du lait dans le frigidaire.	冷蔵庫の中にミルクがある．
Il y a des magazines sur la table.	テーブルの上に雑誌が何冊かある．

◆ 事態の状況を説明する副詞相当語句 (=副詞句) を **状況補語** (*complément circonstanciel*) という．上記の例文の dans
　le frigidaire や sur la table は場所を示す状況補語である．様態や時や頻度などを示す状況補語もある．

Exercices (練習)

＊各課の練習の解答は全文をノートに書きなさい.

1. 例にならって適切な冠詞を空欄に書き入れなさい.

[例] Voilà **un** pont. C'est **le** pont Mirabeau.

1) Voilà ..... place. C'est ..... place Vendôme.

2) Voilà ..... hôtel. C'est ..... hôtel Ritz.

3) Voilà ..... tour. C'est ..... tour Montparnasse.

4) Voilà ..... église. C'est ..... église Saint-Sulpice.

5) Voilà ..... lycée. C'est ..... lycée Molière.

2. 適切な不定冠詞または部分冠詞を空欄に書き入れなさい.

1) Qu'est-ce que c'est ? — C'est ..... dictionnaire.

2) Qu'est-ce que c'est ? — C'est ..... sel.

3) Qu'est-ce que c'est ? — C'est ..... tisane.

4) Qui est-ce ? — C'est ..... écrivain.

5) Qui est-ce ? — Ce sont ..... journalistes.

3. 適切な冠詞を空欄に書き入れなさい.

1) Il y a ..... café dans ..... cafetière.

2) Il y a ..... eau dans ..... carafe.

3) Il y a ..... fruits dans ..... corbeille.

4) Il y a ..... ordinateur sur ..... bureau. C'est ..... ordinateur de Paul.

5) Il y a ..... voiture devant ..... maison. C'est ..... voiture de Monsieur Dupont.

Thème (仏訳)

（＊未出の語句はかっこ内に示してある. 必要に応じて複数形にし, 適切な冠詞をつけること）

1) あそこに駅が見えます. あれはサン・ラザール駅 (gare Saint-Lazare) です.

2) あれは何ですか？ — あれは美術館です. ロダン美術館 (musée Rodin) です.

3) それは誰ですか？ 俳優 (acteur) ですか？ — いいえ, 歌手 (chanteur) です.

4) 冷蔵庫の中に肉と野菜 (légume) がある.

5) テーブルの上に携帯電話 (portable) がある. それはポールの携帯電話だ.

Remarque　　　　　　■「複数の種類」を意味する複数形 ■

　名詞の複数形は一般に「複数の個体」を指すが, 「複数の種類」を指すこともある. fruit「果物」や légume「野菜」は, リンゴやオレンジ, あるいはニンジンやタマネギなど, 幾つかの種類のものをまとめて指す語なので, 「数種類の」という意味で複数形の fruits, légumes を使うのがふつうである. 「ワイン」などの物質名詞も, 「複数の種類」を意識すれば複数形になる: des vins de Bordeaux　数種類のボルドーワイン

Leçon 2　動詞 être と avoir

不定詞と活用形 ── フランス語の**動詞**（*verbe*）は人称・数・時制などによって形を変える．こうした変化を動詞の**活用**（*conjugaison*）といい，変化した形を**活用形**，変化しないもとの形を**不定詞**（*infinitif*）と呼ぶ．不定詞は英文法でいう原形不定詞（= *to* のつかない不定詞）に相当し，辞書の見出し語として載っている形である．

直説法現在形 ── ある事柄について，話し手がそれを事実と判断して述べるときの動詞の形を**直説法**（*indicatif*）という．直説法の**現在形**（*présent*）は，いま現在の事態だけでなく，習慣や性質，近い未来の行為なども表わす（詳しくは§31）．直説法のほかに，命令法や条件法や接続法があるが，それらについて学ぶのはもうすこし後なので，当面は「直説法」を省略して単に「現在形」と呼ぶ．

§4　主語人称代名詞　021

　人や物の名前の代わりに用いる語を**人称代名詞**（*pronom personnel*）という．話し手を示すものは1人称，聞き手を示すものは2人称，話し手・聞き手以外の人・物を示すものは3人称である．

　文の主語として用いる**主語人称代名詞**（*pronom personnel sujet*）は，ほぼ，英語の人称代名詞の主格に相当する．人称代名詞以外に，名詞なども3人称の主語になる．

単　数			複　数		
	子音の前	母音の前		子音の前	母音の前
1人称	**je** /ʒə/	j' /ʒ/	1人称	**nous** /nu/	nous⌣ /nu-z/
2人称	**tu** /ty/	tu /ty/	2人称	**vous** /vu/	vous⌣ /vu-z/
3人称　男性	**il** /il/	il⌣ /i-l/	3人称　男性	**ils** /il/	ils⌣ /il-z/
女性	**elle** /εl/	elle⌣ /ε-l/	女性	**elles** /εl/	elles⌣ /εl-z/

[用法]　主語人称代名詞については，英語との次のような違いに注意しよう．

- **je** ── 単数1人称の je は，英語の *I* と異なり，文頭以外では小文字で書く．ただし母音の前では j' と書く（= エリジヨン）．
- **tu, vous** ── もともとは単数が tu で複数が vous だったが，現代のフランス語では，家族・友人など親しい間柄でだけ tu を使い，一般には英語の *you* のように相手が一人でも vous 用いる（英語も古くは2人称単数 *thou* と複数 *you* の区別があった）．
- **il, elle** ── 物を指す英語の *it* に相当する主語人称代名詞はない．フランス語は物を表わす名詞にも文法上の性があるので，それに応じて il, elle（または ils, elles）を使い分ける．
- **ils, elles** ── elles は女性（厳密には女性名詞）だけのグループに用い，男性（男性名詞）が混ざっていれば ils を使う．

§5 動詞 être 〔022〕

[活用]

être		/ɛtr/

je	**suis**	nous	**sommes**
tu	**es**	vous	**êtes**
il	**est**	ils	**sont**
elle	**est**	elles	**sont**

/ʒə-sɥi/	/nu-sɔm/
/ty-ɛ/	/vu-zɛt/
/i-lɛ/	/il-sɔ̃/
/ɛ-lɛ/	/ɛl-sɔ̃/

[意味と用法] 〔023〕

être は英語の *be* 動詞に相当し，基本的には，次のいずれかの構文で用いられる．

(1) 〈主語 + **être** + 場所の状況補語〉 「～は…にいる [ある]」

Ils *sont* à la maison. 　　　　　彼らは家にいる．

(2) 〈主語 + **être** + 属詞〉 「～は…だ」

Jean | *est* grand. 　　　　　　ジャンは背が高い．

Je *suis* journaliste. 　　　　　私はジャーナリストです．

◆ 主語人称代名詞と動詞は必ずリエゾンをするが，主語の名詞と動詞のあいだでは決してリエゾンをしない．上記 (2) の最初の例文を参照．

◆ **属詞** (*attribut*) は英文法でいう補語に相当する．属詞として用いられる語句は，一般に，形容詞か身分・職業などを表わす名詞である．属詞として用いられたこうした名詞には冠詞をつけないことに注意．

§6 主語の属詞 〔024〕

属詞として用いる形容詞や無冠詞名詞は，主語の性と数に一致した形でなければならない．男性単数形がもとの形，いわば基本形であり，女性形や複数形は，原則として，基本形の末尾に e や s を加えて作る．

	単数	複数
男性	—	—**s**
女性	—**e**	—**es**

[例] petit /pə-ti/ 小さい

petit → petit**s** /pə-ti/ (＊s が加わっても発音は変わらない)

↓

petite → petit**es** /pə-tit/ (＊e が加わるとその直前の子音字が読まれる)

Il est petit. / Elle est petit**e**. 　　　　　彼は小さい．/ 彼女は小さい．

Ils sont petit**s**. / Elles sont petit**es**. 　　彼らは小さい．/ 彼女らは小さい．

Je suis étudiant. / Je suis étudiant**e**. 　　私は学生です．(男性) / 私は学生です．(女性)

Nous sommes étudiant**s**. 　　　　　　私たちは学生です．(男性が含まれている)

Nous sommes étudiant**es**. 　　　　　私たちは学生です．(全員女性)

◆ e や s を連続して綴ることはしないので，末尾が e の語は男性も女性も同じ形 (末尾が é の語は原則どおり変化する)，末尾が s の語は男性の単数と複数が同じ形になる (女性の単数と複数は形が異なる)：

Il est *jeune*. = Elle est *jeune*. 　　　　　彼 [彼女] は若い．

Ils sont *jeunes*. = Elles sont *jeunes*. 　　彼ら [彼女ら] は若い．

Il est *français*. = Ils sont *français*. 　　彼 [彼ら] はフランス人だ．

(Elle est *française*. = Elles sont *françaises*.) 　彼女 [彼女ら] はフランス人だ．

◆ 改まった話し方では être の活用形の後でリエゾンをするが，日常会話では，3人称の活用形 (= est, sont) 以外はリエゾンをしないのがふつう．ただし，アンシェヌマンをするのは自然である (たとえば，nous sommes の最後の /m/ を後続する母音につなげて発音する)．

§7 動詞 avoir ⟨025⟩

[活用]　　　**avoir**　　　　　　　　　　　　/a-vwaːr/

j'	**ai**	nous	**avons**
tu	**as**	vous	**avez**
il	**a**	ils	**ont**
elle	**a**	elles	**ont**

/ʒe/	/nu-za-vɔ̃/
/ty-a/	/vu-za-ve/
/i-la/	/il-zɔ̃/
/ɛ-la/	/ɛl-zɔ̃/

[意味と用法] ⟨026⟩

avoir は英語の動詞 *have* に相当し，基本的には次の構文で用いられる.

〈**主語 + avoir + 直接目的語**〉　「～は…を持っている」

Pierre *a* une moto.　　　　　　　　　　ピエールはバイクを持っている.

M. et Mᵐᵉ Dubois | *ont* des enfants.　　　デュボワ夫妻には子供がいる.

Vous *avez* du courage.　　　　　　　　あなたは勇気がある.

◆ **目的語** (*objet*) とは行為の対象を示す語句であり，その語句に前置詞のつかないものを**直接目的語** (*objet direct*) という(前置詞のつくものは**間接目的語** (*objet indirect*)).

Remarque　　　　　　　　　■〈**avoir + 無冠詞名詞**〉**の動詞句** ■ ⟨027⟩

　日常よく用いられる次のような表現 (多くは人の感覚や感情を表わす) は，元来は直接目的語であった名詞につく冠詞が省略され，〈動詞＋無冠詞名詞〉が一体化している. こうした表現を「動詞句」と呼ぶ. 動詞句中の無冠詞名詞は，形容詞とは異なり，性・数の変化をしない.

avoir chaud	〔人が〕暑い	avoir peur	怖い
avoir froid	〔人が〕寒い	avoir mal	痛い
avoir faim	空腹だ	avoir honte	恥ずかしい
avoir soif	喉が渇いている	avoir raison	〔人が〕正しい
avoir sommeil	眠い	avoir tort	〔人が〕間違っている

J'*ai faim*.　　　　　私はお腹がすいている.

Elle *a peur*.　　　　彼女は怖がっている.

Exercices

1. 例にならって文を書き換えなさい. 冠詞の変化にも注意すること.

[例] *Il y a un* vase sur la table. テーブルの上に (あるひとつの) 花瓶がある.
  (「テーブルの上に何があるか」を伝える文)

  Le vase *est* sur la table. (その) 花瓶はテーブルの上にある.
  (「花瓶がどこにあるか」を伝える文)

1) *Il y a un* restaurant devant la gare.

2) *Il y a des* chemises dans le placard.

3) *Il y a un parking* derrière la banque.

4) *Il y a un bateau* sous le pont.

2. être の活用形を空欄に書き入れ, かっこ内の属詞を一致させなさい.

  (＊特殊な変化をする語もある. 巻末114〜115ページの「Ⅲ 名詞と形容詞の変化」を参照)

[例] Ils ...... (*petit*). → Ils *sont petits.*

1) Le ciel ...... (*bleu*).

2) Je ...... (*content*). [Je = 女]

3) Ils ...... (*sympathique*).

4) Vous...... (*pressé*) ? [Vous = 女・単]

5) Nous ...... (*japonais*). [Nous = 男]

6) Tu ...... (*prêt*) ? [Tu = 女]

7) Jean et Marie ...... (*intelligent*).

8) Sylvie ...... (*blond*) ou (*brun*) ?

9) Vous ...... (*sportif*). [Vous = 男・複]

10) Elles ...... (*assis*).

3. avoir の活用形を空欄に書き入れなさい.

  (＊je → j' のようなエリジヨンがあるので注意しなさい. 今後の練習問題についても同様)

1) Je ...... un chien.

2) Ils ...... une villa.

3) Tu ...... de l'argent ?

4) Sophie ...... des frères.

5) Vous ...... de la chance.

6) Il ...... du talent.

7) Je ...... une question.

8) Nous ...... des ennuis.

Thème

(＊かっこ内に示したフランス語は適宜, 適切な形に変えて用いる. 日本語では名詞が単数か複数かわからない場合が多いが, フランス語訳では, 明らかに複数である場合以外は単数で書いてよい. 冠詞の有無や種類にも注意すること)

1) 辞書とノート (cahier) は机の上にある.

2) あなたは中国人 (chinois) ですか? ― いいえ, 私は日本人です. (＊「あなた」, 「私」は女性)

3) 君は鉛筆かペンを持っている?

4) 彼は病気 (malade) だ. 彼は熱 (fièvre) がある.

5) 私は疲れて (fatigué) いる. 私は眠い (sommeil). (＊「私」が男性の場合と女性の場合の両方の文を書く)

Leçon 3　-er 動詞

　フランス語の動詞の約90％は同じ変化のしかたをする．そうした同じ活用型の動詞は，不定詞が -er で終わるので，**-er (ウ・エル) 動詞**と呼ばれる（**第1群規則動詞**ともいう）．

§8　-er 動詞の活用　028

　être や avoir などの特殊な動詞を除けば，フランス語の動詞は，不定詞も活用形も〈**語幹＋語尾**〉で構成され，語尾の部分が変化する．-er 動詞はすべて，次のような語尾変化をする．

[-er 動詞の語尾変化]（— の部分が語幹）

—er　　　　　　　　　　　　　/—e/

je	—e	nous	—ons
tu	—es	vous	—ez
il	—e	ils	—ent
elle	—e	elles	—ent

/—/	/—ɔ̃/
/—/	/—e/
/—/	/—/
/—/	/—/

[活用例]（色刷りの部分は，綴りでは語尾を，発音表記ではアクセントのある母音を示している）

chanter　歌う　　　　　　　/ʃɑ̃-te/

je	chante	nous	chantons
tu	chantes	vous	chantez
il	chante	ils	chantent
elle	chante	elles	chantent

/ʒə-ʃɑ̃:t/	/nu-ʃɑ̃-tɔ̃/
/ty-ʃɑ̃:t/	/vu-ʃɑ̃-te/
/il-ʃɑ̃:t/	/il-ʃɑ̃:t/
/ɛl-ʃɑ̃:t/	/ɛl-ʃɑ̃:t/

habiter　住む　　　　　　　/a-bi-te/

j'	habite	nous	habitons
tu	habites	vous	habitez
il	habite	ils	habitent
elle	habite	elles	habitent

/ʒa-bit/	/nu-za-bi-tɔ̃/
/ty-a-bit/	/vu-za-bi-te/
/i-la-bit/	/il-za-bit/
/ɛ-la-bit/	/ɛl-za-bit/

　◆ 主語がvous のときの活用形は相手が一人でも複数でも変わらない (vousと2人称単数の活用形を組み合わせて ×vous chantes のようには言わない)．

現在形は，現在の事態および習慣・性質，近い未来の行為などを表わす．　029

Michel *chante* bien, mais il *danse* mal.	ミシェルは歌はじょうずだが，踊りはへただ．
J'*étudie* le français.	私はフランス語を学んでいる．
Ils *arrivent* bientôt.	彼らはまもなく到着する．

　◆「フランス語」などの言語名は形容詞男性形と同じ綴りの男性名詞である．原則として定冠詞をつけて用いる．

Remarque　　　　　　　　■ -cer, -ger で終わる動詞 ■

　不定詞が -cer, -ger で終わる動詞の nous の活用形は，/s/, /ʒ/ の発音と合わせるために語幹の最後を ç, ge と綴る．

commencer 始める：nous commen**ç**ons（×nous commencons）

manger 食べる：nous man**ge**ons（×nous mangons）

---

§9 否定文の作り方 [030]

　一般的な否定文の作り方は，動詞の前に ne (動詞が母音で始まる場合は n') を，動詞の後に pas を置く．動詞が être でも avoir でも作り方は同じである．

```
... ne [n'] + 動詞 + pas ...
```

Je suis pressé(*e*). 　　　　　　　　　私は急いでいる.
→ Je *ne* suis *pas* pressé(*e*). 　　　　　→ 私は急いでいない.

　(*「私」が男性なら pressé，女性なら pressée と綴る)

Tu as faim ? 　　　　　　　　　　　君はお腹がすいている?
→ Tu *n'*as *pas* faim ? 　　　　　　　→ 君はお腹がすいていない?
Il parle français. 　　　　　　　　　彼はフランス語を話す.
→ Il *ne* parle *pas* français. 　　　　　→ 彼はフランス語を話さない.

　◆「フランス語」は定冠詞をつけて le français と言うが (前ページの用例を参照)，「… 語を話す」は慣用表現になっているので言語名に冠詞をつけず parler français のように言う.

§10 否定の冠詞 [031]

　<u>直接目的語につく不定冠詞と部分冠詞は否定文で de (母音の前では d') になる</u>．この de は数量がゼロであることを意味する冠詞である．il y a の否定形 il n'y a pas の後でも同じ現象が起きる (il y a に後続する語は文法上は直接目的語).

```
{ un / une / des           
  du / de la / de l' } + 名詞   →   ne [n'] ... pas de [d'] + 名詞
```

J'ai *un* ordinateur. 　　　　　　　　私はコンピュータを持っている.
→ Je n'ai pas *d'*ordinateur. 　　　　　→ 私はコンピュータを(1 台も)持っていない.
Elle mange *de la* salade. 　　　　　　彼女はサラダを食べる.
→ Elle ne mange pas *de* salade. 　　　→ 彼女はサラダを(少しも)食べない.
Il y a *des* fleurs dans le jardin. 　　　庭に花がある.
→ Il n'y a pas *de* fleurs dans le jardin. 　→ 庭に花は(1 本も)ない.

　◆上の最後の用例のように，肯定文で複数形の名詞は否定文でも複数形にするのがふつう．複数あるべきものの全部を否定してゼロにする気持ちの反映と考えられる.

🎧◆Ce n'est pas の後の語 (= 属詞) につく冠詞は変わらない．直接目的語の前の定冠詞も変わらない．どちらの場合も，対象となるものの数量が否定によって変わるわけではない.

　Ce n'est pas *un* ordinateur. 　　　　それはコンピュータではない.
　Elle n'aime pas *la* salade. 　　　　　彼女はサラダが好きではない.

§11　主語代名詞 on　032

　主語人称代名詞と同類の代名詞として on がある．on は不定代名詞と呼ばれる品詞に分類されるが，動詞の主語として用いられる代名詞という点では主語人称代名詞と同じである．ただし，3人称の主語人称代名詞が特定の人や物を指すのに対して，on は人だけを指し，以下に挙げるような意味合いで用いられる．

　on が実際には複数の人を指している場合でも，文法上は3人称単数として扱う．また，on の後では必ずリエゾンをする．

(1)「人，人々」（人間一般を指す場合も限定された人々を指すこともある）

　On parle français à Genève.　　　ジュネーヴではフランス語が話される．（←人々はフランス語を話す）

(2) 不特定の人を指して「誰か，ある人」

　On sonne à la porte.　　　　　呼び鈴が鳴っている．　（←誰かが戸口でベルを鳴らしている）

(3) 日常会話では「私たち」を指すことが多い（nous よりも on のほうが動詞活用が簡単であるため）

　On est bien ici.　　　　　　ここは気持ちがいいね．

　　◆on を用いた文を日本語にするときは，上の例のように，受身の文や自動詞の文や主語を省いた文にすると自然な言い方になることが多い．

§12　前置詞 à, de と定冠詞の縮約　033

　前置詞 à および de の直後に定冠詞の le や les がくると，2つの語が合体して1語になる．この現象を文法用語では**縮約**といい，合体した語を**縮約冠詞**（*article contracté*）と呼ぶことがある．

à + le → **au**	J'ai mal *au* ventre.　　私は腹が痛い．
à + les → **aux**	J'ai mal *aux* pieds.　　私は足が痛い．
à + la = à la	J'ai mal *à la* tête.　　私は頭が痛い．
à + l' = à l'	J'ai mal *à l'*estomac.　　私は胃が痛い．

de + le → **du**	le musée *du* Louvre　　ルーヴル美術館
de + les → **des**	l'avenue *des* Champs-Élysées　　シャンゼリゼ大通り
de + la = de la	la place *de la* Concorde　　コンコルド広場
de + l' = de l'	l'avenue *de l'*Opéra　　オペラ大通り

　　◆定冠詞が la, l' の場合は縮約しない．

　　◆du, de la, de l' は部分冠詞と同じ形で，des は不定冠詞複数と同じ形．

　🎧◆aux および des の後ではリエゾンをする：

　　　J'ai mal *aux* yeux.　私は目が痛い，l'hôtel des Invalides　アンヴァリッド，（パリの）廃兵院（もとは傷病兵の施療院）

　🎧◆定冠詞以外とは縮約しない：

　　　la porte *du* restaurant　そのレストランのドア / la porte *d'un* restaurant　あるレストランのドア

Exercices

1. かっこ内の不定詞を活用形にしなさい.

1) Vous (*travailler*) beaucoup.

2) Nous (*inviter*) les Legrand*.

3) Ils (*marcher*) vite.

4) Elle (*parler*) lentement.

5) Nous (*commencer*) tout de suite.

6) Tu (*aimer*) les chats ?

7) Claude (*rentrer*) tard.

8) Nous (*voyager*) ensemble.

9) Alain (*dîner*) avec Nathalie.

10) Je (*écouter*) souvent de la musique.

（＊「ルグラン家の人々」．姓に定冠詞複数形つけると「…家の人々」を意味する．姓は複数形にしない）

2. 否定文にしなさい.

1) Vous êtes d'accord ?

2) Elle regarde la télévision.

3) C'est du sucre.

4) Il porte des lunettes.

5) Vous mangez du riz ?

6) Il y a de la bière dans le frigo.

3. 必要な箇所で前置詞と定冠詞を縮約しなさい.

1) La librairie est (*à le*) coin (*de la*) rue.

2) C'est la gare (*de le*) Nord ? – Non, c'est la gare (*de l'*) Est.

3) Il y a une statue (*à le*) centre (*de le*) parc.

4) Nous restons (*à le*) bord (*de la*) mer jusqu' (*à la*) fin (*de les*) vacances.

5) On téléphone (*à la*) police ou (*à l'*) hôpital ?

6) Voilà un chou (*à la*) crème, un gâteau (*à le*) chocolat et une tarte (*à les*) pommes.

Thème

1) 私たちはルーヴル美術館を見学する（visiter）.

2) あなたは東京に住んでいますか？ — いいえ，私は横浜に住んでいます.

3) 彼女は肉を食べない．彼女は肉が好きではない.

4) 子供たちは庭で遊んでいる（jouer）.

5) 彼は朝（matin）から晩（soir）まで働いている.

Remarque　　　　■ 部分冠詞と不定冠詞複数形の由来 ■

　部分冠詞の du, de la, de l' および不定冠詞複数形の des は〈前置詞 de ＋定冠詞〉と同じ形である．それは当然で，部分冠詞と不定冠詞複数形の起源が〈前置詞 de ＋定冠詞〉だからである．前置詞 de は「…の一部分」を表わすことができ，定冠詞が総称的意味を表わすので，「…（の全体）の一部分」から「いくらかの量・数の…」に意味が推移した．もちろん現用では，形は同じであっても，これらの冠詞と〈前置詞 de ＋定冠詞〉は品詞も用法も異なる.

Leçon 4　形容詞

　名詞を修飾する語句の代表である形容詞は，**品質形容詞**と**限定形容詞**に大別することができる．限定形容詞には**指示形容詞**[§14]や**所有形容詞**[§15]などがある．指示形容詞や所有形容詞は冠詞と似た特徴を持つので，これらをまとめて**限定詞**(*déterminant*)と呼ぶことがある．なお，どの形容詞であれ，形容詞が名詞の前にある場合は必ずリエゾンをする．

§13　品質形容詞 〔034〕

　品質形容詞 (*adjectif qualificatif*) とは，名詞や代名詞を修飾し，性質・特徴などについて説明を加える語のことで，一般には，単に「形容詞」と呼ばれる．

(1) 品質形容詞の働き

　品質形容詞の修飾のしかたは，大きく分けて次の2とおりある．いずれの場合も，名詞・代名詞の性・数に一致した形になる．

属詞 (*attribut*)

　動詞を介して名詞や代名詞を修飾する．主語の属詞の場合と直接目的語の属詞の場合とがある．

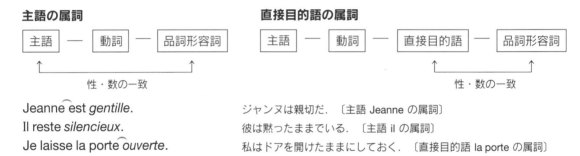

主語の属詞	直接目的語の属詞
主語 ── 動詞 ── 品詞形容詞	主語 ── 動詞 ── 直接目的語 ── 品詞形容詞
性・数の一致	性・数の一致

Jeanne est *gentille*.	ジャンヌは親切だ．〔主語 Jeanne の属詞〕
Il reste *silencieux*.	彼は黙ったままでいる．〔主語 il の属詞〕
Je laisse la porte *ouverte*.	私はドアを開けたままにしておく．〔直接目的語 la porte の属詞〕

付加詞 (*épithète*) 〔035〕

　形容詞を名詞に付加して，名詞を直接修飾する．形容詞は名詞の後に置くのが原則である．特に，同種の他のものと区別する役割をする下記のような形容詞は名詞の後に置く．

(a)　色・形状・寒暖・味覚などの性質を客観的に表わす形容詞

du vin *rouge*	赤ワイン	du café *chaud*	熱いコーヒー
une table *ronde*	丸いテーブル	une pomme *douce*	甘いリンゴ

(b)　分野や領域などの区分を示す形容詞

la cuisine *française*	フランス料理	un jardin *public*	公園
de la musique *classique*	クラシック音楽	un dictionnaire *électronique*	電子辞書

　ただし，次のような使用頻度の高い，短い形容詞は，一般に名詞の前に置く．これらの形容詞は概して，区別や分類としての働きよりも，主観的な評価や相対的な程度を表わしている．〔036〕

bon	よい	grand	大きい	jeune	若い
mauvais	悪い	petit	小さい	vieux	古い
beau	美しい	gros	太った	nouveau	新しい
joli	きれいな	long	長い	même	同じ
		haut	高い	autre	ほかの

| un *bon* médecin | 良い医者 | une *jeune* femme | 若い女性 |
| un *petit* hôtel | 小さなホテル | un *vieux* château | 古い城館 |

🎧 ◆ ふつう名詞の後に置く形容詞も，強い感情をこめるときには前に置くことがある:

un accident *terrible*；un *terrible* accident　恐ろしい事故

◆ 位置によって意味が異なる場合がある:

un enfant *pauvre*　貧乏な子供　／　un *pauvre* enfant　哀れな子供

l'année *dernière*　去年　／　la *dernière* année　最後の年

(2) 不定冠詞 des の変化　[037]

名詞の複数形の前に形容詞を置く場合は，原則として，不定冠詞複数の des ではなく de を用いる．

| ~~des~~ ＋ 形容詞 ＋ 名詞 | → | **de** ＋ 形容詞 ＋ 名詞 | （＊de は母音の前で d' になる） |

~~des~~ bons médecins　→ *de* bons médecins　　（何人かの）良い医者

~~des~~ petits hôtels　→ *de* petits hôtels　　（何軒かの）小さなホテル

◆ 日常語では des のままで用いることもある．

§14　指示形容詞　[038]

　指示形容詞（*adjectif démonstratif*）は人や物を指し示す限定形容詞で，冠詞と同じく常に名詞の前にくる．指示形容詞は遠近の区別を表わさないので，日本語の「この…，その…，あの…」，英語の *this*，*that* のいずれにも相当する．

	単数	複数
男性	**ce [cet]**	**ces**
女性	**cette**	

ce mouchoir	*ces* mouchoirs	このハンカチ
cette cravate	*ces* cravates	このネクタイ
cet agenda	*ces* agendas	この手帳
cette écharpe	*ces* écharpes	このマフラー

◆ 母音の前では ce の代わりに cet を用いる．

🎧 ◆ 遠近の区別をしたいときは，近いほうを〈ce ＋ 名詞 ＋ -ci〉で，遠いほうを〈ce ＋ 名詞 ＋ -là〉で示す:

cette chemise-*ci* et *cette* chemise-*là*　　このシャツとその[あの]シャツ

◆ c'est ..., ce sont ... [§3] の ce は指示代名詞である．指示代名詞については §57 であらためて学ぶ．

Remarque　　　　　■ **指示形容詞を用いる「時の表現」** ■　[039]

　指示形容詞を朝晩や週・月・年など時の区分を表わす語とともに用いると，現在に一番近い時期を指す．これらの表現は前置詞なしで副詞的に用いることができる．

ce matin　けさ，*cet* après-midi　きょうの午後，*ce* soir　今晩，*cette* nuit　昨夜；今夜，

cette semaine　今週，*cette* année　今年，*etc.*

また，時間的な遠近をはっきりさせるために -ci, -là をつける場合もある．

ces jours-*ci*　最近，ce jour-*là*　その日，cette année-*là*　その年，*etc.*

なお，定冠詞をつけた le matin, le soir は，一般に，「（いつも）朝に」，「（いつも）晩に」を意味する（＝定冠詞の総称用法）．

----

§15　所有形容詞 040

　所有形容詞 (*adjectif possessif*) は広い意味での所有関係を示す限定形容詞で，冠詞や指示形容詞と同じく常に名詞の前にくる．後続する名詞 (=所有されるものを表わす語) の性・数および所有者の人称・数によって変化するが，所有者が男性であるか女性であるかによる使い分けはない．

所有物 / 所有者		単数	複数
je	男性	**mon**	**mes**
	女性	**ma** [mon]	
tu	男性	**ton**	**tes**
	女性	**ta** [ton]	
il / elle	男性	**son**	**ses**
	女性	**sa** [son]	
nous	男性	**notre**	**nos**
	女性		
vous	男性	**votre**	**vos**
	女性		
ils / elles	男性	**leur**	**leurs**
	女性		

041

mon camarade	*mes* camarades	私の仲間
mon ami	*mes* amis	私の友人
ma camarade	*mes* camarades	
mon amie	*mes* amies	

notre camarade	*nos* camarades	私たちの仲間
notre ami	*nos* amis	私たちの友人
notre camarade	*nos* camarades	
notre amie	*nos* amies	

◆ 母音の前では ma, ta, sa の変わりに mon, ton, son を用いる．

◆ 上記の camarade のように男女同形の名詞も，限定詞は男性形と女性形を使い分ける．

◆ 英語と異なり，所有者が3人称の場合に所有者の性による区別 (*his / her*) はない．「彼の父」も「彼女の父」も (père が男性名詞なので) son père，「彼の母」も「彼女の母」も (mère が女性名詞なので) sa mère と言う．

Remarque　　　　　　■ 母音で始まる語の前における限定詞の変化 ■

　母音で始まる語の前では，母音の発音の連続を避けるために，限定詞 (=冠詞，指示形容詞，所有形容詞) と名詞とのあいだでリエゾンやアンシェヌマンを行なうが，母音の連続を避けるために限定詞の形が変わるものもあった．以下のような場合である．

定冠詞	部分冠詞	指示形容詞	所有形容詞
le } la } → l'	du } de la } → de l'	ce → cet	ma → mon ta → ton sa → son

---

Exercices

1. かっこ内の形容詞 (男性単数形が載っている) を名詞に一致させて，名詞の前か後に置きなさい．

   (＊不定冠詞の des が de になる場合や特殊な変化をする語もある．辞書を注意深く調べるとともに，巻末114～115ページの「Ⅲ 名詞と形容詞の変化」を参照すること)

1) une rue (*étroit*)

2) un appartement (*nouveau*)

3) une église (*vieux*)

4) les herbes (*mauvais*)

5) les cheveux (*gris*)

6) les yeux (*vert*)

7) une chanson (*beau, français*)

8) des fleurs (*joli, blanc*)

2. 下線の名詞をかっこ内の名詞に変えて，全文を書き改めなさい．

1) Ce <u>sandwich</u> est bon. (omelette)

2) Ce <u>boulevard</u> est large. (rivière)

3) Ces <u>usines</u> sont modernes. (bâtiments)

4) Cette <u>bière</u> est fraîche. (vin)

5) Ce <u>papier</u> est épais. (planche)

6) Cette <u>jupe</u> est trop longue. (pantalon)

7) Ces <u>colliers</u> sont très chers. (bagues)

8) Ce petit <u>garçon</u> est actif et joyeux. (fille)

3. 指示された意味の所有形容詞を空欄に書き入れなさい．

1) C'est (私の) .... frère.

2) C'est (あなたの) .... fille.

3) C'est (彼女の) .... mari.

4) Ce sont (君の) .... sœurs.

5) C'est (彼らの) .... tante.

6) Ce sont (あなた方の) .... enfants.

7) C'est (彼の) .... femme.

8) C'est (私たちの) .... fils.

9) Ce sont (私の) .... parents.

10) C'est (君たちの) .... oncle.

Thème

1) この答えは (réponse) 正しい (correct) ですかそれとも間違って (faux) いますか？

2) その新任の先生 (professeur) は丸いメガネをかけている (porter)．

3) 彼女は栗色の (châtain) 髪と青い目をしている (avoir)．

4) 彼女のおじがきょうの午後ニューヨーク から到着する．

5) デュポン家の人々は (何人かの) 友人を自分たちの別荘に招く．

Remarque　　　　　■ ふたつの付加形容詞を用いる場合の語順 ■　042

● 名詞の前で用いる形容詞と，後で用いる形容詞は，それぞれの位置に置く．

　　un *petit* chat *noir*　　　　　　黒い小猫

● 名詞の前で用いる形容詞どうし，後で用いる形容詞どうしは，接続詞のetで結ぶ．

　　une *grande et belle* femme　　背が高く美しい女性

　　un salon *clair et spacieux*　　明るく広々とした応接間

● 名詞に緊密に結びついた形容詞があるときは，それを名詞に隣接させ，残りの形容詞をその前後に置く．

　　un film *français intéressant*　　おもしろいフランス映画

　　un *beau jeune* homme　　　　ハンサムな青年

Leçon 5　疑問文と否定の表現

　　事柄をありのままに述べる文を**平叙文**（*phrase énonciative*）といい，疑問を表わす文を**疑問文**（*phrase interrogative*）という．平叙文と疑問文のそれぞれが**肯定文**（*phrase affirmative*）と**否定文**（*phrase négative*）に分かれる．文の構造の基本形は平叙肯定文であり，それになんらかの変更を加えることによって，疑問文や否定文を作ることができる．否定文の作り方は §9 で見た．この課では疑問文の作り方や，ne ... pas 以外の語句を用いる否定表現を学ぶ．

§16　疑問文の作り方　043

　　疑問文を作る方法は3つある．être も avoir も -er 動詞も扱いは同じである．

(1) 平叙文の語順のままで，文末の音程を上げる ─ ややくだけた言い方．

Vous êtes fatigué(e) ?	あなたは疲れています？
Marie a des frères ?	マリーに兄弟はいます？
Tu ne regardes pas la télé ?	君はテレビを見ない？

　　◆疑問というよりも，同意や確認を求めるために，平叙文の文末に n'est-ce pas ?「...ですね？」を付け足すことがある：
　　　Marie a des frères, *n'est-ce pas* ?　　マリーに兄弟はいますよね？

(2) 文頭に **Est-ce que**（母音の前では Est-ce qu'）を置く ─ 会話での標準的な言い方．

Est-ce que Marie a des frères ?	マリーに兄弟はいるのですか？
*Est-ce qu'*ils habitent à Paris ?	彼らはパリに住んでいるのですか？

(3) 主語人称代名詞と動詞を**倒置**する ─ やや改まった言い方．　044
　　主語が人称代名詞か名詞かによって倒置のしかたが異なる．

(a) 主語が**人称代名詞**の場合は**単純倒置**（*inversion simple*）
　　平叙文の文頭にある主語人称代名詞を動詞の後に移動し，ハイフンで結ぶ．否定疑問文は，ハイフンで結ばれた動詞と主語人称代名詞が ne と pas にはさまれることになる．

Êtes-vous fatigué(e) ?	あなたは疲れていますか？
Habitent-ils à Paris ?	彼らはパリに住んでいますか？
Ne *regardes-tu* pas la télé ?	君はテレビを見ないのかい？

　　◆3人称単数の活用形が e または a で終わっている場合（= -er 動詞と avoir）は，母音の連続を避けるために，倒置形で -t- を挿入する．il y a の倒置形は y a-t-il, n'y a-t-il pas になる：
　　　A-*t*-elle des frères ? 　　　　　　彼女に兄弟はいますか？
　　　Habite-*t*-il à Paris ? 　　　　　　彼はパリに住んでいますか？
　　　Y a-*t*-il un bureau de poste près d'ici ?　　この近くに郵便局がありますか？

　　◆代名詞の ce と on も人称代名詞と同様に扱う（倒置した ce はエリジヨンをしないことにも注意）：
　　　Est-*ce* une banque ? 　　　　　　あれは銀行ですか？
　　　Parle-*t-on* français à Bruxelles ?　　ブリュッセルではフランス語が話されますか？

(b) 主語が**名詞**の場合は**複合倒置**（*inversion complexe*）
　　主語が名詞の場合は，主語を文頭に置いたままにし，主語名詞と性・数の一致する主語人称代名詞を動詞の後につけて，ハイフンで結ぶ．結果的には〈主語名詞＋単純倒置〉の語順になる．

Marie est-elle fatiguée ?	マリーは疲れていますか？
M. et Mme Martin habitent-ils à Paris ?	マルタン夫妻はパリに住んでいますか？
Ton père ne regarde-t-il pas la télé ?	君のお父さんはテレビを見ないのかい？

§17　疑問文に対する答え方 045

　肯定疑問文に対して oui や non ... で答える例文はすでにでてきた．しかし，oui は肯定疑問文に対する答えとしてしか使わず，否定疑問文に対しては，oui ではなく si を用いる．non は否定疑問文に対する答えにも用いる．すなわち，否定の問いに対して答えが肯定なら si を，否定なら non を用いるのであり，日本語の「はい」と「いいえ」とは逆になる．

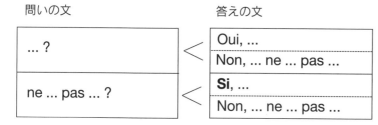

Elle est française ?　　　　　　　　　　彼女はフランス人ですか？
—*Oui*, elle est française.　　　　　　　—はい，フランス人です．
—*Non*, elle n'est pas française.　　　　—いいえ，フランス人ではありません．
Elle n'est pas française ?　　　　　　　彼女はフランス人ではないのですか？
—*Si*, elle est française.　　　　　　　　—いいえ，フランス人です．
—*Non*, elle n'est pas française.　　　　—はい，フランス人ではありません．

　◆英語の *Yes, she is. / Yes, I do.* のような，省略した答え方はできない．答えの文を最後まで続けるか，簡略に Oui. / Si. / Non. などと答える．

§18　さまざまな否定表現 046

ne ... pas 以外に，次のような否定表現がある．いずれの表現でも ne は母音の前で n' になる．

(1) 時・頻度

ne ... pas encore　　まだ…ない
Je *n*'ai *pas encore* sommeil.　　　　　私はまだ眠くない．

🎧◆省略した答え方では Pas encore. とか Non, pas encore. と言う：
Tu as sommeil ? —*Pas encore*.　　　　君は眠い？ —まだ．
🎧◆肯定文で用いられる対語は déjà「もう」：
J'ai *déjà* sommeil.　　　　　　　　　　私はもう眠い．

ne ... plus　　もう…ない
Il *n*'est *plus* jeune.　　　　　　　　　彼はもう若くない．

　◆肯定の意味の「もう」の déjà と混同しないように注意．
🎧◆肯定文で用いられる対語は encore「まだ」．encore は，日本語の「まだ」と同じように，肯定文でも否定文でも用いられる：
Il est *encore* jeune.　　　　　　　　　彼はまだ若い．

ne ... jamais　　決して…ない
Ils *ne* jouent *jamais* ensemble.　　　彼らは決していっしょに遊ばない．

🎧◆肯定文で用いられる対語は toujours「いつも」や souvent「たびたび，よく」や quelquefois「時々」など．頻度を表わすこうした副詞も動詞の後に置く：
Ils jouent *toujours* [*souvent, quelquefois*] ensemble.　彼らはいつも[よく，時々]いっしょに遊ぶ．
🎧◆省略した答え方では Jamais. とか Non, jamais. と言う：
Ils jouent ensemble ? —*Jamais*.　　　彼らはいっしょに遊ぶ？ —決して．

(2) 強調 [047]

ne ... pas du tout　まったく…ない

Je *ne* suis *pas du tout* fatigué(e).　　　　　　　　　私はまったく疲れていない.

🎧◆du tout は pas の後に置くのがふつうだが，文末に置いて Je *ne* suis *pas* fatigué(e) *du tout*. のように言うこともある.　文末に置くと否定がさらに強まる.

🎧◆肯定文で用いられる対語は un peu「少し」や très「とても」など：
Je suis *un peu* [*très*] fatigué(e).　　　　　　　　　私は少し [とても] 疲れている.

🎧◆省略した答え方では Pas du tout. とか Non, pas du tout. と言う：
Tu es fatigué(e) ? — *Pas du tout*.　　　　　　　　　君は疲れている？ — まったく.

(3) 結合 [048]

ne ... ni 〜 ni 〜　　〜も〜も…ない

Il *n'a ni* voiture *ni* moto.　　　　　　　　　　　彼は車もバイクも持っていない.
Je *n'*aime *ni* le café *ni* le thé.　　　　　　　　私はコーヒーも紅茶も好きではない.

◆ne ... ni〜 ni〜 の表現では，直接目的語の前の不定冠詞と部分冠詞 (=否定の de になるはずの冠詞) を省略する.　定冠詞はそのまま.

🎧◆ふつうの否定文にさらに否定を付け加える場合は，直接目的語の前で否定の de を繰り返す：
Il *n'*a *pas de* voiture, *ni de* moto.　　　　　　　彼は車を持っていない，バイクも.

🎧◆肯定文では〜et〜「〜と〜」，あるいは，強調してet〜et〜「〜も〜も」を用いる：
Il a une voiture *et* une moto.　　　　　　　　　　彼は車とバイクを持っている.
Il a *et* une voiture *et* une moto.　　　　　　　　彼は車もバイクも持っている.

🎧◆ふたつの肯定文を続けるときは aussi, 否定文を続けるときは non plus を用いる：
J'aime le café. J'aime *aussi* le thé.　　　　　　　私はコーヒーが好きだ.　私は紅茶も好きだ.
Je n'aime pas le café. Je n'aime pas *non plus* le thé. 私はコーヒーが好きではない.　私は紅茶も好きではない.

(4) 制限 [049]

ne ... que [qu'] 〜　　〜しか…ない

Elle *ne* mange *que* des légumes.　　　　　　　　彼女は野菜しか食べない.

◆ne ... que 〜 は制限を表わしており，厳密には否定ではないので，直接目的語につく不定冠詞・部分冠詞は de に変化しない.

🎧◆ふつうの肯定文では seulement「〜だけ」を用いて制限を表わす：
Elle mange *seulement* des légumes.　　　　　　　彼女は野菜だけを食べる.

🎧◆ne ... pas を用いた ne ... pas que〜 は制限を否定する「〜しか…ないわけではない」の意味：
Elle *ne* mange *pas que* des légumes.　　　　　　彼女は野菜しか食べないわけでははい.

Remarque　　　　　　　　■ **話し言葉における ne の省略** ■

くだけた会話では，しばしば ne を省略し，もう一方の pas, plus, jamais などだけで否定を表わす.
J'ai *pas* encore sommeil.　　　　私はまだ眠くない.
Ils jouent *jamais* ensemble.　　　彼らは決していっしょに遊ばない.

Exercices

1. 次の疑問文に対して肯定・否定の両方で答えなさい．また，疑問文の形式を，Est-ce que... の疑問文と倒置の疑問文に変えなさい．

1) Tu as un portable ?

2) C'est un tableau de Renoir ?

3) Maria parle espagnol ?

4) Vous ne continuez pas le travail ? (＊答えの主語は nous)

5) Il n'y a pas d'ascenseur ?

2. かっこ内の語句を用いて否定文にしなさい．

1) Le restaurant est ouvert. (*ne ... pas encore*)

2) Il y a du vin dans la bouteille. (*ne ... plus*)

3) Elle arrive à l'heure. (*ne ... jamais*)

4) Il est méchant. (*ne ... pas du tout*)

3. ne ... ni ～ ni ～ を用いて下線の部分を否定する文にしなさい．

1) Nous aimons le rugby et le football.

2) Louis est beau et intelligent.

3) Je suis libre samedi et dimanche*. (＊「…曜日に」の表現には前置詞をつけない)

4. ne ... que ～ を用いて下線の部分を制限する文にしなさい．

1) Il écoute de la musique pop.

2) Travaillez-vous dans la matinée ?

3) Ils pensent à jouer.

Thème

(＊疑問文の作り方はいくつかあるが，これ以後の和文仏訳の解答では，文法知識を確かめるために「倒置疑問文」を書きなさい)

1) カフェ (café) は閉まって (fermé) いる？ ― いや，まだ開いている．

2) 彼女はもうまったく怒って (en colère) いない．

3) 私の祖父 (grand-père) は時々ラジオ (radio) を聞くけれど，テレビは決して見ない．

4) 彼はネクタイもジャケット (veste) も着用していない．

5) その小さな町にはホテルが1軒しかない．

Remarque　　　　　　　　　　■ **否定表現の組み合わせ** ■　050

ne ... plus と他の表現を組み合わせた ne ... plus jamais「もう決して…ない」, ne ... plus du tout「もうまったく…ない」, ne ... plus que ～「もう～しか…ない」などもある．

Ils *ne* jouent *plus jamais* ensemble.　　　　彼らはもう決していっしょに遊ばない．

Je *ne* suis *plus du tout* fatigué(e).　　　　私はもうまったく疲れていない．

Elle *ne* mange *plus que* des légumes.　　　彼女はもう野菜しか食べない．

Leçon 6　数量を示す語句

　冠詞・指示形容詞・所有形容詞などの限定詞は，名詞が表わすものの数量については乏しい情報（＝単数か複数か）しか伝えない．数量をより詳しく示したいときは，**数詞**や**数量形容詞**や**数量表現**を用いる．これらの語句は冠詞・指示形容詞・所有形容詞と共通点があるので，広い意味での限定詞に含めることができる．ただし，それぞれ固有の特性もあるので注意が必要である．なお，数詞のうちの序数詞は，数量を示すものではないが，基数詞との関連が強いのでここでいっしょに扱う．

§19　数詞　051

　数詞には，1つ，2つ… のように個数を表わす**基数詞**と，1番目，2番目… のように順序を表わす**序数詞**とがある．基数詞も序数詞も，限定詞として名詞を修飾することもあれば，単独で名詞的な働きをすることもある．ここでは主として限定詞としての用法を見ていく．

基数詞　*(numéral cardinal)*

　1から20までの基数詞を載せる．その他については巻末116ページの「基数詞」を参照．

1　un(e)	6　six	11　onze	16　seize
2　deux	7　sept	12　douze	17　dix-sept
3　trois	8　huit	13　treize	18　dix-huit
4　quatre	9　neuf	14　quatorze	19　dix-neuf
5　cinq	10　dix	15　quinze	20　vingt

　基数詞の前に定冠詞・指示形容詞・所有形容詞などを置くことができる（不定冠詞・部分冠詞とはいっしょに用いない）．052

Elle a *dix-huit* ans.　　　　　　　　　　　　　彼女は18歳だ．

Il y a *quatre* pièces dans cet appartement.　　このアパルトマンには4つの部屋がある．

Voilà ses *deux* frères.　　　　　　　　　　　　あそこに彼(女)の2人の兄弟がいる．

　◆基数詞の1は不定冠詞単数形と同じ形．「1」であることをはっきりさせる場合は，un(e) seul(e) ～「ただひとつの～」，ne ... qu'un(e) ～「～ひとつだけ…」などの表現を用いる：

Il y a une *seule* solution.　　　　　　　　　　解決策がひとつだけある．

Il n'y a *qu'*une (*seule*) solution.　　　　　　解決策は(たった)ひとつしかない．

　◆名詞の前に品質形容詞がある場合は基数詞をその前に置く：

les *dix* derniers jours (ˣles derniers *dix* jours)　　最後の10日間

序数詞　*(numéral ordinal)*　053

　1から11までの序数詞を載せる．その他については巻末118ページの「序数詞」を参照．

1er　premier	3e　troisième	6e　sixième	9e　neuvième
(1ère　première)	4e　quatrième	7e　septième	10e　dixième
2e　deuxième	5e　cinquième	8e　huitième	11e　onzième

　序数詞は一般に定冠詞と共に用いるが，指示形容詞や所有形容詞といっしょに使うこともある．054

Mon bureau est au *deuxième* étage de cet immeuble.　　私のオフィスはこのビルの3階にある．

C'est leur *troisième* fils.　　　　　　　　　　あれは彼らの3番目の息子だ．

§20　数量形容詞　055

　数量形容詞は数量を表わす限定形容詞で，次に挙げるような語のことをいう（文法上は「不定形容詞」という品詞に分類される）．

(1) 全体・全部

tout(e)　…全体

Elle travaille *toute* la journée.　　　　　　彼女は一日中働く．

tous [toutes]　すべての

Toutes ces places sont réservées.　　　　これらの席はすべて予約済みだ．

　◆tout(e), tous, toutes は冠詞・指示形容詞・所有形容詞の前に置く．成句表現では無冠詞のものもある．

chaque　それぞれの

Chaque semaine, je regarde cette émission.　　毎週，私はこの番組を見る．

(2) 若干数

quelques　いくつかの

Ils restent *quelques* jours dans cette ville.　　彼らはこの町に数日とどまる．

　◆単数形の quelque は「いくらかの」や「なんらかの」を意味するが，文語的．

plusieurs　いくつもの

Elle parle *plusieurs* langues étrangères.　　彼女はいくつもの外国語を話す．

(3) 否定

aucun(e)　どんな…も（ない）

Cet acteur n'a *aucun* talent.　　　　　　この俳優には才能がまったくない．

　🎧◆個数がゼロであることを強調するときは〈ne ... pas un(e) (seul(e))～〉「（たった）1つ [1人] の～も…ない」を用いることができる．この表現の un(e) は数詞なので，否定の冠詞の de にはならない：
　　Il n'y a *pas un* (seul) client dans le café.　カフェには（たった）1人の客もいない．

§21　数量表現　056

　数量を表わす語句を数量表現と呼ぶ．数量表現はその構成のしかたによって2つに分けることができる．いずれの表現も前置詞の de を含む．数量表現も限定詞の一種なので，後続する名詞に冠詞をつけない．

(1) 数量・程度を表わす副詞 (beaucoup「とても，たくさん」など) に前置詞 de を添えると数量表現になる．

beaucoup		de ＋ 無冠詞名詞	たくさんの，多くの
un peu			少しの
peu			ほんの少しの
assez			十分な；かなりの
trop			あまりに多くの

（＊de は母音の前で d' になる）

Il gagne *beaucoup*.　　　　　　　　　　彼はたくさん稼ぐ．〔副詞〕
Il gagne *beaucoup* d'argent.　　　　　　彼はたくさんのお金を稼ぐ．〔数量表現〕
Il a *beaucoup* d'amis.　　　　　　　　　彼にはたくさんの友人がいる．
J'ajoute *un peu de* sel à la soupe.　　　　私はスープに塩を少し加える．

　🎧◆これらの数量表現は数も量も示すが，un peu de は量しか示すことができない．数の場合は数量形容詞の *quelques* などを用いる：Il y a *quelques* [×*un peu de*] personnes.　何人かの人がいる．

(2) 度量衡の単位・容器・形状などを表わす名詞，あるいは数名詞 (= 数を表すmillion「100万」, dizaine
「約10」などの名詞) を用いて数量を示す．この場合も de の後に置く名詞には冠詞をつけない．　[057]

| { 基数詞 / 数量形容詞 } | { 度量衡の単位 / 容器 / 形状 / 数名詞 } | de ＋ 無冠詞名詞 |

（＊de は母音の前で d' になる）

un kilo de pommes	1キロのリンゴ
deux bouteilles de vin	2瓶のワイン
quelques feuilles de papier	数枚の紙
*un million d'*euros	100万ユーロ
une dizaine de jours	約10日

Remarque　　　　　　　　　　　　■ 名詞の補語と複合名詞 ■

　la voiture de mon père「私の父の車」における de mon père のような，名詞を修飾する前置詞つきの語句を
名詞の補語 (*complément de nom*) という．補語となる名詞 (=補語名詞) には一般に冠詞・指示形容詞・所有
形容詞といった限定詞がつくが，表現全体が一体化して1つの意味を表わしているときは，補語名詞に限定
詞がつかず，〈名詞＋前置詞＋補語名詞〉が1つの語のように扱われる．こうした語句は**複合名詞** (*nom composé*) と呼ばれることがある．複合名詞で用いられる前置詞は de と à がほとんどである．

cette *carte de crédit*	このクレジットカード
une *station de métro*	ある地下鉄の駅
le *bureau de poste*	郵便局
la *salle de classe*	教室
votre *numéro de téléphone*	あなたの電話番号
mon *sac à main*	私のハンドバッグ
ces trois *tasses à thé*	この3つのティーカップ

　無冠詞の補語名詞は，特定の人や物を指しているのではなく，種別を表わす形容詞と同じように，事物を
下位区分する働きをしている．たとえば，carte「厚紙，カード」のさまざまな種類は，補語名詞や形容詞を
用いて，次のように区分することができる．

carte *d'identité* 身分証明書 / carte *d'étudiant* 学生証 / carte *de visite* 名刺 / carte *à jouer* トランプ /
carte *postale* 郵便はがき / carte *géographique* 地図

　補語名詞に定冠詞がつくものもある．たとえば，次のような場合である．

(a)「朝，晩」などの区分

le journal *du soir* 夕刊紙，l'étoile *du matin* 明けの明星，une robe *du soir* イブニングドレス

(b) 特に食べ物について「...の入った」

un café *au lait* カフェオレ，ミルクコーヒー，un gâteau *au chocolat* チョコレートケーキ，
une glace *à la vanille* バニラ (風味の) アイスクリーム

Exercices

1. 数字と略号を綴り字に直し，全文を書き改めなさい．（＊巻末116ページから118ページを参照しなさい）

1) Le train arrive à 13 h 10*.

2) La Seine a 780 kilomètres de long.

3) La France compte environ 63 000 000 d'habitants.

4) L'Arc de Triomphe de l'Étoile est situé dans le 8ᵉ arrondissement de Paris.

5) Ce tableau représente Napoléon Iᵉʳ sur un cheval blanc.

（＊heure(s)「…時」は h と略記する．「…分」は minute(s) を省略して数詞だけ言うのがふつう）

2. 下記の数量形容詞から適切なものを選んで空欄に書き入れなさい．

〈tout（または toute）/ tous（または toutes）/ chaque / quelques / plusieurs / aucun（または aucune）〉

1) Il y a une promenade de .... côté de la rivière.

2) Nous visitons presque .... les monuments historiques de Paris.

3) J'habite tout près, à .... minutes d'ici.

4) Je n'ai .... projet pour les vacances.

5) .... le monde est là.

6) Dans ce champ, on cultive .... sortes de légumes.

3. 冠詞をかっこ内の数量表現に変えなさい．

1) Nous consultons *des* documents. (*beaucoup de*)

2) J'ai *de la* fièvre. (*un peu de*)

3) Ce problème a *de l'*importance. (*peu de*)

4) On a encore *des* provisions. (*assez de*)

5) Il y a *des* fautes dans ta dictée. (*trop de*)

4. 空欄に数量表現を書き入れなさい．数量表現は，下記の語から適切なものを選び (必要に応じて複数形にする)，前置詞の de [d'] を補って作る．

〈assiette / carafe / douzaine / litre / ~~morceau~~ / paquet / pot / tasse / tranche〉

[例] trois *morceaux de* sucre

1) un .... cigarettes
2) un .... confiture
3) une .... eau
4) deux .... essence
5) quatre .... jambon
6) une .... œufs
7) une .... potage
8) une .... thé

Thème

1) エッフェル塔は高さが (de haut) 324メートルある．（＊数字は綴り字で書きなさい）

2) 私はこのアルバム (album) の歌がすべて好きなわけではない．

3) 店 (boutique) の中には数人の客しかいない．

4) 私の父はどんな外国語も話さない．

5) 私たちにはまだわずかな希望 (espoir) がある．

Leçon 7　直説法現在の活用 – 1

　フランス語の動詞の活用を覚えるのは決して楽ではない．とりわけ，もっとも基本的な現在形の活用は多様で複雑なので，活用の仕組みを理解して活用型ごとに整理し，集中的に学習するのがよい．これから2課にわたって，動詞の活用と代表的な動詞の意味・用法を学ぶ．

§22　動詞活用の構造とパターン

(1) 動詞の形態の基本構造

　フランス語では，動詞の不定詞も活用形も，**語幹**と**語尾**から構成される．
　不定詞語尾は -er, -ir, -re, -oir の4種類しかない．ただし，同じ不定詞語尾の動詞が必ずしも同じ活用のしかたをするとは限らないので，活用のパターン (=活用型) は何10種類にもなる．

不定詞 ＝ 　語幹　 ＋ 　不定詞語尾　

活用形 ＝ 　語幹　 ＋ 　活用語尾　

(2) 語幹の変化のパターン

　直説法現在の活用では，どの人称 (1・2・3人称とそれぞれの単数・複数の 6つをいう) でも語幹が変わらないものと，人称によって語幹が変わるものとがある．しかし，すべての人称で異なる語幹をとるものはなく，非常に不規則な動詞の être や avoir を除けば，語幹は2種類か3種類であり，しかも，どの人称で語幹が同じか異なるかというパターンも決まっている．

1 語幹型：語幹が変化しない．
2 語幹単複型：単数人称 (je, tu, il) と複数人称 (nous, vous, ils) とで語幹が異なる．
2 語幹強弱型：単数人称＋複数3人称 (je, tu, il, ils) と複数1・2人称 (nous, vous) とで語幹が異なる．単数人称と複数3人称の活用形は語幹にアクセントがあるので**強形**といい，複数1・2人称の活用形は語幹にアクセントがないので**弱形**という．
3 語幹型：単数人称 (je, tu, il)，複数1・2人称 (nous, vous)，複数3人称 (ils) で語幹が異なる．

1 語幹型	2 語幹単複型	2 語幹強弱型	3 語幹型

(3) 活用語尾の2つの型

　直説法現在の活用では，語尾の変化のしかたは，**e 型**と **s 型**の2つに大別される (e 型は母音字型，s 型は子音字型ともいう)．前者は単数人称で -e, -es, -e となり，後者は -s, -s, -t となるのが原則である．s 型語尾には，単数3人称語尾の -t を書かないものや (語幹の末尾が d, t の場合)，単数の1・2人称語尾が -x となるものなどの変種がある．複数人称では，原則として，どちらも -ons, -ez, -ent の語尾になる．

e 型語尾

je	-e	nous	-ons
tu	-es	vous	-ez
il / elle	-e	ils / elles	-ent

s 型語尾

je	-s	nous	-ons
tu	-s	vous	-ez
il / elle	-t	ils / elles	-ent

　さまざまな活用型を語幹と語尾の組み合わせ方によって分類し，§23から§26で順次見ていく．

§23　1語幹型活用の動詞　[058]

1．e型語尾

ouvrir　開ける

j'	ouvre	nous	ouvrons
tu	ouvres	vous	ouvrez
il	ouvre	ils	ouvrent

語幹 － ouvr- /u(ː)vr/
同型 － couvrir, découvrir, offrir, souffrir, *etc.* ;
　　　　cueillir, accueillir （他の時制では別型）

Elle *ouvre* les rideaux de la salle à manger.　彼女は食堂のカーテンを開ける.

2．s型語尾

courir　走る

je	cours	nous	courons
tu	cours	vous	courez
il	court	ils	courent

語幹 － cour- /ku(ː)r/
同型 － courir の派生動詞：parcourir, *etc.*

Le chien *court* à toute vitesse vers son maître.　犬は全速力で飼い主の方へ走る.

rire　笑う

je	ris	nous	rions
tu	ris	vous	riez
il	rit	ils	rient

語幹 － ri- /ri [j]/
同型 － sourire

Ils bavardent et *rient*.　彼らはおしゃべりをして笑っている.

entendre　聞こえる

j'	entends	nous	entendons
tu	entends	vous	entendez
il	entend	ils	entendent

綴り字は1語幹型で，発音は2語幹型：
　entend- /ãtã~ãtã(ː)d/
同型 － (prendre 型以外の) -endre, -andre, -ondre, -rdre で
　　　　終わる動詞：attendre, descendre, rendre, vendre,
　　　　répandre, répondre, perdre, *etc.*
＊語幹の末尾が d なので3人称単数語尾の t を書かない.

On *entend* un bruit étrange.　妙な物音が聞こえる.

§24　2語幹単複型活用の動詞　[059]

1．s型語尾

finir　終える；終わる

je	finis	nous	finissons
tu	finis	vous	finissez
il	finit	ils	finissent

語幹 － 複数人称で語幹に ss が加わる：
　　　　fini- /fi-ni/ ～ finiss- /fi-nis/
同型 － -ir で終わる動詞の大半：applaudir, choisir, fleurir,
　　　　obéir, réfléchir, réussir, rougir, *etc.*
＊finir 型の動詞は**第2群規則動詞**とも呼ばれる.

D'habitude, il *finit* son travail vers six heures.　ふだん彼は6時頃に仕事を終える.

partir　出発する

je	pars	nous	partons
tu	pars	vous	partez
il	part	ils	partent

語幹 － 単数人称で語幹の最後の子音がなくなる：
　　　　par- /paːr/ ～ part- /part/
同型 － -mir, -tir, -vir で終わる動詞：
　　　　dormir, sentir, sortir, servir, *etc.*

Elle *part* pour l'Amérique avec son mari.　彼女は夫といっしょにアメリカ(大陸)へ発つ.

mettre　置く

je	met*s*	nous	mett*ons*
tu	met*s*	vous	mett*ez*
il	met	ils	mett*ent*

語幹－met- /mɛ/ 〜 mett- /mɛt/
同型－ -mettre の派生動詞： admettre, permettre,
　　　　　　promettre, *etc.*；battre（他の時制では別型）
＊語幹の末尾が t なので３人称単数語尾の t を書かない.

Elle *met* la casserole sur le feu.　　彼女は鍋を火にかける.

lire　読む

je	lis	nous	lis*ons*
tu	lis	vous	lis*ez*
il	li*t*	ils	lis*ent*

語幹－li- /li/ 〜 lis- /li(:)z/
同型－ -lire の派生動詞： élire, relire, *etc.*；
　　　　　 suffire（他の時制では別型）

Elle *lit* un conte de fées à sa petite-fille.　　彼女は孫娘におとぎ話を読んでやる.

060　dire　言う

je	dis	nous	dis*ons*
tu	dis	vous	di*tes*
il	di*t*	ils	dis*ent*

語幹－di- /di/ 〜 dis- /di(:)z/
＊ vous の活用語尾の -tes は変則的だが，dire の派生動詞の
　 interdire, prédire などの末尾は原則通り -sez になる：
　 vous interdisez, vous prédisez.

Est-ce que vous *dites* la vérité ?　　あなたは本当のことを言っていますか？

conduire　運転する

je	condui*s*	nous	conduis*ons*
tu	condui*s*	vous	conduis*ez*
il	condui*t*	ils	conduis*ent*

語幹－condui- /kɔ̃-dɥi/ 〜 conduis- /kɔ̃-dɥi(:)z/
同型－ -uire で終わる動詞： construire, traduire, *etc.*；
　　　　　 nuire（他の時制では別型）

Claude *conduit* prudemment.　　クロードは慎重に運転する.

◆ prudemment /pry-da-mɑ̃/ の発音に注意. prudent → prudemment のように，-ent /ɑ̃/ で終わる形容詞に対応する副
　 詞は -emment /a-mɑ̃/ になる. 他の例として，évident「明らかな」→ évidemment「明らかに」など.

plaire　気に入る

je	plais	nous	plais*ons*
tu	plais	vous	plais*ez*
il	plaî*t*	ils	plais*ent*

語幹－plai[î]- /plɛ/ 〜 plais- /plɛ(:)z/
＊３人称単数の -ît に注意. *cf.* connaître

Ce jeu *plaît* beaucoup aux enfants.　　このゲームは子供たちにとても人気がある.

connaître　知っている

je	connais	nous	connaiss*ons*
tu	connais	vous	connaiss*ez*
il	connaî*t*	ils	connaiss*ent*

語幹－connai[î]- /kɔ-nɛ/ 〜 connaiss- /kɔ-nɛs/
同型－ connaître と paraître の派生動詞： reconnaître,
　　　　　　apparaître, *etc.*；naître（他の時制では別型）
＊３人称単数の -ît に注意. *cf.* plaire

Vous *connaissez* M. Durand ?　　あなたはデュランさんをご存知ですか？

◆ connaître は人や物・場所を知っていること. 事態や事柄を知っている場合は後出の savoir を用いる.

peindre ペンキを塗る

je	pein*s*	nous	peign*ons*
tu	pein*s*	vous	peign*ez*
il	pein*t*	ils	peign*ent*

語幹 − pein- /pɛ̃/ 〜 peign- /pɛɲ/
同型 − -aindre, -eindre, -oindre で終わる動詞：
　　　　craindre, éteindre, rejoindre, *etc.*

On *peint* le mur en blanc ou en beige ? 　壁を白く塗ろうかベージュ色に塗ろうか？

écrire 書く

j'	écri*s*	nous	écriv*ons*
tu	écri*s*	vous	écriv*ez*
il	écri*t*	ils	écriv*ent*

語幹 − écri- /e-kri/ 〜 écriv- /e-kri(:)v/
同型 − décrire, inscrire, *etc.*

Cet écrivain *écrit* principalement des romans policiers. 　この作家は主として推理小説を書く.

vivre 生きる，暮らす

je	vi*s*	nous	viv*ons*
tu	vi*s*	vous	viv*ez*
il	vi*t*	ils	viv*ent*

語幹 − vi- /vi/ 〜 viv- /vi(:)v/
同型 − suivre （他の時制では別型）

Nous *vivons* heureux. 　私たちは幸せに暮らしている.

savoir 知っている

je	sai*s*	nous	sav*ons*
tu	sai*s*	vous	sav*ez*
il	sai*t*	ils	sav*ent*

語幹 − sai- /sɛ/ 〜 sav- /sa(:)v/

Savez-vous qu'il est malade ? 　あなたは彼が病気だということを知っていますか？

　◆ savoir は事柄を知っていたり，技能を身につけていること. 後者の意味の場合は不定詞を伴う.

2．x 型語尾（je, tu の活用語尾が x になる）062

valoir 価値がある

je	vau*x*	nous	val*ons*
tu	vau*x*	vous	val*ez*
il	vau*t*	ils	val*ent*

語幹 − vau- /vo/ 〜 val- /val/

Ce tableau ne *vaut* pas grand-chose. 　この絵はたいして価値がない.

Remarque 　■ **月と季節の表現** ■ 063

前置詞の有無や種類，限定詞による意味の違いなどに注意する必要がある.

● 月 − en 〜 （または au mois de 〜）：*en* [*au mois de*] janvier 1月に
＊janvier 1月，février 2月，mars 3月，avril 4月，mai 5月，juin 6月，
juillet 7月，août 8月，septembre 9月，octobre 10月，novembre 11月，décembre 12月
● 季節 − *au* printemps 春に，*en* été 夏に，*en* automne 秋に，*en* hiver 冬に
定冠詞や指示形容詞をつけることもある（その場合は前置詞を用いない）：
*l'*été（一般に）夏に，　*cet* été この夏に

Exercices

文脈に合った意味の動詞を選び，現在形に活用させて空欄に書き入れなさい.

A. 〈accueillir / couvrir / offrir / souffrir〉
1) Le peuple de ce pays .... de la faim.
2) Nous .... des amis à l'aéroport.
3) Ils .... un cadeau à leur mère.
4) La neige .... le sommet toute l'année.

B. 〈attendre / descendre / mordre / répondre〉
1) Est-ce que vous .... à la prochaine station ?
2) Nous .... le bus depuis un quart d'heure.
3) Tu ne .... pas à cette lettre ?
4) Ce chien ne .... jamais.

C. 〈applaudir / choisir / fleurir / obéir〉
1) Agnès .... à ses parents.
2) Je .... ce livre-ci.
3) Les lilas .... en mai.
4) Le public .... les musiciens.

D. 〈dormir / servir / sortir〉
1) Le bébé .... dans les bras de sa mère.
2) Vous .... souvent le soir ?
3) Dans ce bistro, on .... une cuisine familiale.

E. 〈atteindre / craindre / éteindre / rejoindre〉
1) Les animaux .... le feu.
2) Il .... la lumière de sa chambre.
3) Nous .... nos copains au café.
4) En France, on .... la majorité à l'âge de dix-huit ans.

F. 〈admettre / élire / nuire / paraître / suivre〉
1) Les touristes .... le guide.
2) On .... les chiens dans ce restaurant ?
3) Les Français .... leur président tous les cinq ans.
4) Tu .... un peu fatigué(e) ce matin.
5) Le tabac .... à la santé.

Thème

1) 私はこの絵を壁にかける (mettre).
2) これらの木々の葉 (feuille) は秋に赤く (rougir) あるいは黄色くなる (jaunir).
3) 彼は英語の (anglais) 小説を日本語に翻訳している (traduire).
4) この仕事を終えるには (pour) 3日あれば十分だ (suffire).
5) 私の母は運転ができない (savoir).

Leçon 8 直説法現在の活用 – 2

§25 2語幹強弱型活用の動詞 [064]

1. e 型語尾

acheter 買う

j'	achète	nous	achetons
tu	achètes	vous	achetez
il	achète	ils	achètent

語幹 ─ achèt- /a-ʃɛt/ 〜 achet- /a-ʃ(ə)t/
同型 ─ -e□er で終わる動詞：
    lever, peser, promener, *etc.*

Elle *achète* une baguette à la boulangerie du quartier. 彼女は近所のパン屋でバゲットを買う.

appeler 呼ぶ

j'	appelle	nous	appelons
tu	appelles	vous	appelez
il	appelle	ils	appellent

語幹 ─ appell- /a-pɛl/ 〜 appel- /a-p(ə)l/
同型 ─ -eler, -eter で終わる動詞の大部分（acheter は例外）：
    rappeler, jeter, *etc.*

Il est blessé ! J'*appelle* une ambulance ! 彼はけがをしている. 私は救急車を呼びます.

espérer 期待する

j'	espère	nous	espérons
tu	espères	vous	espérez
il	espère	ils	espèrent

語幹 ─ espèr- /ɛs-pɛːr/ 〜 espér- /ɛs-per/
同型 ─ -é□er で終わる動詞：préférer, répéter, *etc.*

On *espère* du beau temps pour ce week-end. この週末は晴天が期待される.

payer 払う

je	paie	nous	payons
tu	paies	vous	payez
il	paie	ils	paient

語幹 ─ pai- /pɛ/ 〜 pay- /pɛj/
同型 ─ -ayer, -oyer, -uyer で終わる動詞：
    essayer, employer, nettoyer, essuyer, *etc.*
* 日常語では，1語幹型で je paye, tu payes, ... と活用すること
  もある.

Je *paie* mon loyer à la fin de chaque mois. 私は毎月月末に家賃を払う.

2. s 型語尾 [065]

mourir 死ぬ

je	meurs	nous	mourons
tu	meurs	vous	mourez
il	meurt	ils	meurent

語幹 ─ meur- /mœːr/ 〜 mour- /mur/

On *meurt* de chaleur ici ! ここは死ぬほど暑い.

voir 見える

je	vois	nous	voyons
tu	vois	vous	voyez
il	voit	ils	voient

語幹 ─ voi- /vwa/ 〜 voy- /vwaj/
同型 ─ revoir

On *voit* beaucoup d'étoiles ce soir. 今夜は星がたくさん見える.

croire　信じる

je	crois	nous	croyons
tu	crois	vous	croyez
il	croit	ils	croient

語幹 － croi- /krwa/ ～ croy- /krwaj/

Est-ce que tu *crois* cette nouvelle ?　君はこのニュースを信じるかい？

§26　3語幹型活用の動詞　066

1. s 型語尾

aller　行く

je	vais	nous	allons
tu	vas	vous	allez
il	va	ils	vont

非常に不規則な活用をする動詞.
* 強形の末尾部分は avoir の活用形とほとんど同じ．ただし，
  je vais は末尾に s があるが j'ai にはない.

Nous *allons* en France et ils *vont* au Canada.　私たちはフランスへ行き，彼らはカナダへ行く.

◆ aller は「元気だ」など健康状態を表わす表現にも用いる.

faire　作る；する

je	fais	nous	faisons
tu	fais	vous	faites
il	fait	ils	font

非常に不規則な活用をする動詞.
* faisons の発音は /f(ə-)zɔ̃/.
* (vous) -tes となるのは être, dire, faire だけ.
* (ils) -ont となるのは être, avoir, aller, faire だけ.

Ce pâtissier *fait* de bons gâteaux.　このケーキ屋はおいしいケーキを作る.

◆ faire は大別して「作る」と「する」の意味がある (ほぼ英語の *make* と *do* の意味を兼備する).

venir　来る

je	viens	nous	venons
tu	viens	vous	venez
il	vient	ils	viennent

語幹 － vien- /vjɛ̃/ ～ ven- /v(ə)n/ ～ vienn- /vjɛn/
同型 － venir, tenir とその派生動詞：
　　　　　devenir, revenir, obtenir, *etc.*

Vous *venez* de Chine ?　あなたは中国のご出身ですか？
—Non, je *viens* du Japon.　—いいえ，私は日本から来ました.

prendre　取る

je	prends	nous	prenons
tu	prends	vous	prenez
il	prend	ils	prennent

語幹 － prend- /prɑ̃/ ～ pren- /prən/ ～ prenn- /prɛn/
同型 － prendre の派生動詞：apprendre, comprendre, *etc.*
* 語幹が d あるいは t で終わる動詞は3人称単数語尾の t を書かない.　*cf.* entendre, mettre

Il *prend* un livre et commence à lire.　彼は1冊の本を手に取り，読み始める.

◆ prendre はほぼ英語の *take* に相当し，幅広い意味を表わす.

boire　飲む

je	bois	nous	buvons
tu	bois	vous	buvez
il	boit	ils	boivent

語幹 － boi- /bwa/ ～ buv- /byv/ ～ boiv- /bwaːv/

Elle *boit* du jus d'orange chaque matin.　彼女は毎朝オレンジジュースを飲む.

067 **devoir** すべきである

je	dois	nous	devons
tu	dois	vous	devez
il	doit	ils	doivent

語幹 − doi- /dwa/ ～ dev- /d(ə)v/ ～ doiv- /dwa:v/

Vous *devez* tenir votre promesse.　　あなたは約束を守るべきです.

recevoir　受け取る

je	reçois	nous	recevons
tu	reçois	vous	recevez
il	reçoit	ils	reçoivent

語幹 − reçoi- /rə-swa/ ～ recev- /rə-s(ə)v/
　　　　～ reçoiv- /rə-swa:v/
同型 − -cevoir で終わる動詞：apercevoir, *etc.*

Je *reçois* rarement des lettres.　　私はまれにしか手紙を受け取らない.

2.　**x 型語尾**（je, tu の活用語尾が x になる）

pouvoir　できる

je	peux	nous	pouvons
tu	peux	vous	pouvez
il	peut	ils	peuvent

語幹 − peu- /pø/ ～ pouv- /puv/ ～ peuv- /pœ:v/
＊文語では je puis も用いられる. 1人称単数の倒置形は,
　＊peux-je ではなく puis-je になる.

On ne *peut* pas stationner dans cette rue.　　この通りに駐車することはできない.

vouloir　望む

je	veux	nous	voulons
tu	veux	vous	voulez
il	veut	ils	veulent

語幹 − veu- /vø/ ～ voul- /vul/ ～ veul- /vœl/

Voulez-vous du poulet ou du poisson ?　　チキンそれとも魚がいいですか?

Remarque　　　　　　　■ **国名や地方名と前置詞** ■　068

● 「…へ，…に」など **到着する場所や存在する場所** を示すときは，一般に前置詞の à を用いるが，国や地方などの固有名詞については次のようになる.

au　（= à + le の縮約形）― 子音で始まる男性単数名詞の場合
　　aller *au* Japon　日本へ行く，être *au* Japon　日本にいる
aux（= à + les の縮約形）― 複数名詞の場合
　　aller *aux* États-Unis [*aux* Pays-Bas]　アメリカ(合衆国) [オランダ] へ行く
en　（冠詞は省略する）― 女性単数名詞と母音で始まる男性単数名詞の場合
　　aller *en* France [*en* Normandie / *en* Iran]　フランス [ノルマンディー / イラン] へ行く
　　　◆ 「南仏へ[に]」は dans le Midi, 「アルプスへ[に]」は dans les Alpes.

● 「…から」と **出発する場所** を示すときは，一般に前置詞の de を用いる. 固有名詞の場合も同様だが，定冠詞が省略されることがある.

du　（= de + le の縮約形）― 子音で始まる男性単数名詞の場合
　　venir *du* Japon [*du* Canada / *du* Mexique]　日本 [カナダ / メキシコ] から来る
des（= de + les の縮約形）― 複数名詞の場合
　　venir *des* États-Unis [*des* Philippines]　アメリカ(合衆国) [フィリピン] から来る
de　（冠詞は省略する）― 女性単数名詞と母音で始まる男性単数名詞の場合
　　venir *de* France [*de* Bretagne / *d'*Irak]　フランス [ブルターニュ / イラク] から来る
　　　◆ e で終わる国名は (Mexique など少数の例外を除けば) 女性名詞，その他は男性名詞.

Exercices

文脈に合った意味の動詞を選び，現在形に活用させて空欄に書き入れなさい.

A. 〈enlever / épeler / jeter / préférer / promener / rejeter / répéter〉

1) Il .... toujours la même chose.

2) Est-ce que tu .... ton chien tous les jours ?

3) Les enfants................. et .... une balle.

4) On .... les chaussures pour entrer ici.

5) Je .... la mer à la montagne.

6) Vous .... votre nom, s'il vous plaît ?

B. 〈employer / envoyer / essayer / essuyer〉

1) Elle .... la sueur du visage avec un mouchoir.

2) Cette société .... un millier de personnes.

3) Je .... cette veste bleue.

4) Vous .... ce colis par avion ?

C. 〈aller (2度使う) / appartenir / tenir / venir〉

1) Tu .... rarement ici ?

2) Il .... un sac de voyage à la main.

3) Vous .... bien ? — Oui, je .... très bien, merci.

4) Ces tableaux exposés .... à un homme d'affaires.

D. 〈apprendre / comprendre / faire (2度使う) / prendre (2度使う)〉

1) Je ne .... pas le sens de ce mot.

2) Elle .... bien la cuisine.

3) Pour aller au bureau, vous .... le train ou le métro ?

4) Nous .... du tennis une fois par semaine.

5) Tu ne .... pas ton petit déjeuner ?

6) Elles .... la danse et le piano.

E. 〈voir / devoir / pouvoir / vouloir (2度使う)〉

1) Vous .... que la situation est sérieuse ?

2) On ne .... pas utiliser cette machine : elle est en panne.

3) Je .... deux mille yens à mon frère.

4) Vous .... un autre café ? — Je .... bien, merci.

Thème

1) 私はすぐに戻ってきます (revenir).

2) あなたは赤ワインそれとも白ワインを飲みますか？

3) 私の体重は50キロです (peser).

4) この船 (bateau) はイギリス (Angleterre) から来て，アメリカ (合衆国) へ行く．

5) 私たちは長い時間 (longtemps) 待たなければなりませんか (devoir)？

Leçon 9 疑問詞

　疑問詞には，**疑問形容詞**，**疑問代名詞**，**疑問副詞**がある．疑問詞を用いず，「はい」や「いいえ」で答えられる疑問文を「全体疑問文」というのに対し，疑問詞を用いる疑問文は，文の一部について問うので「部分疑問文」と呼ばれる．部分疑問文の語順は疑問詞によって違いがある．

§27　疑問形容詞　069

　疑問形容詞（*adjectif interrogatif*）は人や物について「どれ，どの〜」と尋ねる疑問詞（ただし，日本語の「何，誰，いくら，どこ」などと対応することがあるので注意が必要）．形容詞の一種なので，性・数の変化をする．

男性単数	女性単数	男性複数	女性複数
quel	quelle	quels	quelles

(1) 属詞として，主語が名詞の場合に〈Quel + être + 主語名詞？〉の語順で用いる．

　Quel est cet arbre ? – C'est un marronnier.　　この木は何ですか？ ─ マロニエです．

　Quelles sont tes actrices préférées ?　　　　あなたの好きな女優は誰ですか？

　Quel est le prix de cette montre ?　　　　　その腕時計の値段はいくらですか？

　◆ ×Quel cet arbre est-il ? のような複合倒置はしない．est-ce que を用いた ×Quel est-ce que cet arbre est ? も不可．
　◆ 倒置した主語名詞と動詞のあいだにはハイフンを入れない（ハイフンで結ぶのは動詞と主語人称代名詞）．

(2) 限定詞として，名詞の前に置く．

　Quel âge a-t-il ?　　　　　　　　　　　　彼は何歳ですか？

　De *quelle* couleur est ta nouvelle voiture ?　　君の新車は何色ですか？

　◆ quel のついた名詞は（前置詞があればそれといっしょに）文の最初に置く．その名詞が主語でなければ，主語と動詞の倒置を行なうが，ややくだけた会話では est-ce que を用いて倒置を避けたり，平叙文の語順のままで言うことがある：
　　Quel âge *est-ce qu'il a* ? / *Il a* quel âge ?　　彼は何歳ですか？

§28　疑問代名詞 (1)　070

　疑問代名詞（*pronom interrogatif*）は「誰」，「何」と，人や物の身元・正体を尋ねる疑問詞で，英語のwho(m), what に相当する．文法上は男性単数として扱い，女性や複数のものを指す場合でも，動詞・形容詞などを女性形・複数形に変化させない．

　疑問代名詞を単独で用いる基本形と，est-ce qui, est-ce que（母音の前では est-ce qu'）と併用する強調形がある．

　◆「誰」は qui，「何」は que だが，que はアクセントをつけられないので，単独で主語になることはなく，前置詞の後ではquoi を用いる．
　◆ 強調形で qui および que, quoi に後続する est-ce qui（主語の場合）と est-ce que（主語以外の場合）は強調構文[§50]に由来する．

		(1) 主語	(2) 直接目的語・属詞	(3) 間接目的語・状況補語
人	基本形	qui	qui （＋倒置形）	前置詞 + qui （＋倒置形）
	強調形	qui est-ce qui	qui est-ce que [qu']	前置詞 + qui est-ce que [qu']
物・事	基本形		que [qu'] （＋倒置形）	前置詞 + quoi （＋倒置形）
	強調形	qu'est-ce qui	qu'est-ce que [qu']	前置詞 + quoi est-ce que [qu']

(1) 主語

Qui chante ?	誰が歌っていますか？
= *Qui est-ce qui* chante ?	
Qu'est-ce qui inquiète Paul ?	何がポールを不安にさせていますか？

◆ 主語を問われたときの答えには C'est ... を用いる．たとえば，*Qui* chante ? [*Qui est-ce qui* chante ?] に対しては *C'est* Pierre. のように答える．*Pierre chante.* は「ピエールは歌っている」という意味であり，ピエールについて述べている文なので，この場合の答えとしては不適切．

(2) 直接目的語・属詞

Qui cherchez-vous ?	あなたは誰を探していますか？
= *Qui est-ce que* vous cherchez ?	
Que cherchez-vous ?	あなたは何を探していますか？
= *Qu'est-ce que* vous cherchez ?	
Qui est-ce ?	それは誰ですか？
Qu'est-ce que c'est ?	それは何ですか？

◆ 直接目的語を問う場合，主語が名詞のときは que の後で必ず単純倒置をする：Que cherche Pierre ?「ピエールは何を探しているの？」(que は自立性が弱いので，動詞と切り離して *Que Pierre cherche-t-il ? とは言わない)．
逆に，qui の後では，意味の曖昧さを避けるために複合倒置をする：Qui Pierre cherche-t-il ?「ピエールは誰を探しているの？」(単純倒置の Qui cherche Pierre ? は「誰がピエールを探しているの？」の意味になってしまう)．

(3) 間接目的語・状況補語

À *qui* pensez-vous ?	あなたは誰のことを考えていますか？
= À *qui est-ce que* vous pensez ?	
À *quoi* pensez-vous ?	あなたは何のことを考えていますか？
= À *quoi est-ce que* vous pensez ?	

Remarque　　　　　　　　■ **話し言葉における疑問文** ■

　くだけた会話では，平叙文と同じ語順のままで疑問代名詞を使うことがある (物・事については quoi を用いる)．

Vous cherchez *qui* [*quoi*] ?	あなたは誰 [何] を探していますか？
C'est *qui* [*quoi*] ?	それは誰 [何] ですか？
Vous pensez à *qui* [à *quoi*] ?	あなたは誰 [何] のことを考えていますか？

　疑問詞 (疑問形容詞，疑問副詞も) を文頭に置き，est-ce que を用いず，主語・動詞の倒置を行なわないこともある．この疑問形は俗語的なので避けるべきだとされるが，実際にはかなり使われている．

À *qui* [À *quoi*] vous pensez ?	あなたは誰 [何] のことを考えていますか？
Quel âge tu as ?	君は何歳なの？

　属詞を問う Qui est-ce ? と Qu'est-ce que c'est ? は固定した表現になっていて，日常語ではそれ以外の語順では用いない．属詞として人を問うときに *Qui est-ce que c'est ? とは言わず，物・事を問うときに倒置形の Qu'est-ce ? を用いるのは古風な言い方．なお，Qu'est-ce que c'est ? を強調した Qu'est-ce que c'est *que* ça ?「それは何？」も会話でよく用いられる．

---

§29 疑問副詞 [071]

疑問副詞（*adverbe interrogatif*）は，副詞(句)と同じ働きをする疑問詞で，「どこ」「いつ」「どのように」など，場所や時，手段などを問う．前置詞と共に用いる場合は，<u>前置詞を必ず疑問副詞の前に置く</u>．

où〔場所〕 どこに，どこへ

Où est la sortie, s'il vous plaît ?	出口はどこでしょうか？
—Elle est là-bas, à droite.	—あそこの右側です．
D'*où* venez-vous ?	あなたはどこの出身ですか？

quand〔時〕 いつ

Quand est-ce que tu pars ?	君はいつ出発するの？
—Je pars lundi prochain.	—次の月曜日に出発する．
Jusqu'à *quand* dois-je attendre ?	私はいつまで待たなければなりませんか？

◆ 疑問副詞の quand は est-ce que の前でリエゾンをする (発音は /kɑ̃-tɛsk/).

comment〔手段・様態〕 どのように，どのような [072]

Comment allez-vous à Marseille ? En TGV ou en avion ?	どうやってマルセイユへ行きますか？ TGVでそれとも飛行機で？
Comment est le nouveau directeur ?	こんどの部長はどんな人ですか？
—Il est jeune et dynamique.	—若くてエネルギッシュです．

◆ comment は相手の健康状態を尋ねる表現の Comment allez-vous ? 以外ではリエゾンをしない．

combien (de)〔数量〕 どれだけ(の)

Combien coûte ce bracelet ?	このブレスレットはいくらしますか？
—Il coûte cinquante euros.	—50ユーロです．
Depuis *combien de* temps êtes-vous à Paris ?	あなたはどれくらい前からパリにいますか？
—Depuis une semaine.	—1週間前からです．

◆ combien de ... が直接目的語のときは，de ... を動詞の後に切り離すことができる：
　 Combien d'enfants ont-ils ? = *Combien* ont-ils *d'enfants* ? 彼らには子供が何人いますか？

pourquoi〔理由〕 なぜ，どうして

Pourquoi détestes-tu Robert ?	君はなぜロベールが嫌いなの？
—Parce qu'il est menteur.	—嘘つきだから．

Remarque　　　**■ 疑問副詞を用いた疑問文での主語の倒置 ■**

疑問副詞を用いた疑問文では，主語が名詞のときでも原則的には単純倒置が可能である．ただしpourquoi の後と，倒置によって意味が不明確になってしまう場合 (主語名詞以外の名詞があるときなど) は複合倒置をする．たとえば，「いつポールはマリーを夕食に招待するのですか？」は，複合倒置の Quand Paul invite-t-*il* Marie à dîner ? や est-ce que を用いた Quand *est-ce que* Paul invite Marie à dîner ? はいいが，単純倒置の ˣQuand invite *Paul* Marie à dîner ? とは言わない．

主語が名詞で動詞が être の場合は，属詞を問う quel の場合と同じく，単純倒置のみ可能であり，複合倒置や est-ce que は用いない．たとえば，上記の où, comment の用例を次のようにすることはできない．

ˣOù la sortie est-*elle* ? / ˣOù *est-ce que* la sortie est ?

ˣComment le nouveau directeur est-*il* ? / ˣComment *est-ce que* le nouveau directeur est ?

Exercices

1. (x) の部分を疑問形容詞に変えて正しい語順の疑問文を作りなさい.

[例] Votre profession est (x) ? → Quelle est votre profession ?

1) Votre adresse est (x) ?

2) Votre passe-temps favori est (x) ?

3) Vos projets de vacances sont (x) ?

4) La date d'aujourd'hui est (x) ?

2. (x) の部分を疑問形容詞に変えて平叙文と同じ語順の疑問文を作り, 次に, 疑問形容詞を含む語群を文頭に移して倒置の疑問文にしなさい (主語が名詞の場合は単純倒置と複合倒置のいずれも可能).

[例] Tu as (x) âge ? → Tu as *quel* âge ? / *Quel* âge *as-tu* ?

1) Vous prenez (x) route ?

2) Tu descends à (x) arrêt ?

3) Ces fleurs fleurissent en (x) saison ?

4) Ils travaillent dans (x) conditions ?

5) L'avion part de (x) aéroport ?

6) Nous sommes (x) jour ?

3. (x) の部分を疑問代名詞に変え, 疑問代名詞 (と前置詞) を文頭に置く疑問文にしなさい. 可能な場合は疑問代名詞の基本形と強調形の両方を用いなさい.

A. 「誰」と尋ねる

1) Vous attendez (x) ?

2) Elle sort avec (x) ?

3) (x) répond à cette question ?

4) Les criminels sont (x) ?

B. 「何」と尋ねる

1) Vous désirez (x) ?

2) (x) cuit dans le four ?

3) Il y a (x) dans ce tiroir ?

4) Tu as besoin de (x) ?

4. 疑問副詞を (必要な場合は前置詞と共に) 用いて, イタリック体の部分が答えになるような疑問文を作りなさい. 疑問文の形式は, ①平叙文と同じ語順, ②疑問副詞を文頭に置き est-ce que を用いる, ③疑問副詞を文頭に置き主語と動詞を倒置するの3つが可能だが, ここでは③の倒置疑問形を書きなさい.

1) Nous passons nos vacances *en Provence*. (＊疑問文の主語は vous)

2) Ils reviennent à Paris *demain soir*.

3) Nous comptons séjourner ici *jusqu'au milieu de septembre*. (＊疑問文の主語は vous)

4) Je trouve ce film *passionnant*. (＊疑問文の主語は tu)

5) Nous allons à Lyon *en voiture*. (＊疑問文の主語は nous)

6) J'ai *trois cours* aujourd'hui. (＊疑問文の主語は tu)

7) Il ne peut pas venir *parce qu'il est très occupé*.

Thème

1) 講演 (conférence) は何時に始まりますか？ ― 3時に始まります. (＊疑問文は2つの倒置形が可能)

2) あなたはデザートに (comme dessert) 何を選びますか？ ― チョコレートケーキにします (prendre).

3) 君はどこが痛いの (avoir mal)？ ― 喉 (gorge)が痛いんだ.

4) そのホテルはどんなふうですか？ ― 小さいけれど, とても快適 (agréable) です.

5) あなたはいつからフランス語を学んでいますか？ ― この4月からです.

Leçon 10 命令法，直説法の時制 – 1

第2課の冒頭で少し触れたが，ある事柄を事実と判断して述べるときの，つまり，日常でもっともふつうに使うときの動詞の形を直説法という．この課で学ぶ**命令法**（*impératif*）は，事柄を事実としてではなく，「そうあってほしい事態」として述べるときの動詞形態であり，一般には**命令形**と呼ばれることが多い．

また，これまでにいくつもの用例で見てきたように，直説法の現在形は，現実の時間としての「現在」以外の事態を表わすことができる．この課では現在形の用法をまとめ，進行中の行為や近い未来・過去の表現を学ぶ．

（*この課以後の用例には，必ずリエゾンする箇所だけに ‿ を入れ，アンシェヌマンのしるしは記入しない）

§30 命令法 073

命令法の2人称は，相手に対する命令だけでなく，指示・依頼・勧告・助言・願望なども表わす．「…しよう」と誘いかける場合には1人称複数形を用いる．命令文の末尾には一般に終止符 (.) をつけるが，語気が強いことを表わすために，文末に感嘆符 (!) を置くことがある．

[作り方] 一般には命令法は直説法現在と同じ形なので，現在形を用いた肯定文・否定文の主語を省くだけで命令法の文 (=命令文) になる．ただし，<u>tu</u> の活用形が -es で終わる動詞 (= -er 動詞と ouvrir 型動詞) および aller は，2人称単数形の末尾の s を書かない（下の一覧で*をつけてある）．

	chanter	ouvrir	aller	finir	faire	prendre
(tu)	chante*	ouvre*	va*	finis	fais	prends
(nous)	chantons	ouvrons	allons	finissons	faisons	prenons
(vous)	chantez	ouvrez	allez	finissez	faites	prenez

Regarde bien !　　　　　　　　　　よく見なさい．
N'*entrez* pas dans cette pièce.　　この部屋に入ってはいけません．
Prenons un taxi.　　　　　　　　　タクシーに乗ろう．

特殊なもの： être, avoir, savoir, vouloir の4つの動詞の命令法は特殊な形になる．　074

	être	avoir	savoir	vouloir
(tu)	sois	aie	sache	veuille
(nous)	soyons	ayons	sachons	veuillons
(vous)	soyez	ayez	sachez	veuillez

Sois sage, Jacques.　　　　　　　　ジャック，いい子にしなさい．
Ayons du courage !　　　　　　　　勇気を持とう．
Veuillez attendre un instant.　　　少しお待ちください．

◆丁寧に言う場合は，英語の *please* に相当する s'il vous plaît や s'il te plaît を命令文の最後に添える：
Regardez bien, *s'il vous plaît*.　　よく見てください．
◆〈Veuillez + 不定詞〉は丁寧な依頼を表わす形式ばった表現．
◆掲示などでは命令文の代わりに不定詞を使うことがある．なお，不定詞の否定形は ne pas, ne plus, ne jamais などを不定詞の前に置く：
« Ne pas *fumer* »　「禁煙」

§31　直説法現在形の用法　075

直説法現在形には次のような用法がある.

(1) いま現在の事柄を表わす.

Elle *est* dans sa chambre et elle *écrit* une lettre.　　彼女は部屋にいて手紙を書いている.

🎧◆過去に始まり現在も続いている事柄も現在形で表わす:

Nous *habitons* dans cet appartement depuis cinq ans.　私達は5年前からこのアパルトマンに住んでいる.

◆現在進行中の行為もふつうは現在形で表わすが, 進行中であることを強調する場合は§32の〈être en train de ＋不定詞〉を用いる.

(2) 現在の習慣的事柄, 性質・特徴などを述べる.

Il *fait* du jogging le dimanche matin.　　　　　　彼は日曜日の朝にジョギングをしている.

Elle *adore* la cuisine française.　　　　　　　　彼女はフランス料理が大好きだ.

(3) 時を超えた普遍的事実を述べる (科学的真理, 格言・ことわざなど).

La Terre *tourne* autour du Soleil.　　　　　　　地球は太陽の周りを回っている.

Tous les chemins *mènent* à Rome.　　　　　　　すべての道はローマに通ず.

(4) 近い未来の事柄を表わす.

Je *reviens* tout de suite.　　　　　　　　　　私はすぐに戻ってくる.

(5) 近い過去の事柄を表わす.

Nous *quittons* François à l'instant.　　　　　私たちはついさっきフランソワと別れた.

(6) 命令・指示を表わす.

Tu *restes* ici !　　　　　　　　　　　　君はここにそのままいるのだ.

◆実現すべき事柄を既定事実のように表わすので, 一般に, 有無を言わせない命令になる.

§32　進行中の行為, 近接未来, 近接過去　076

(1) 進行中の行為 = 〈**être en train de ＋不定詞**〉で表わす.

行為が進行中であることを強調する. 英語の進行形のように頻繁には用いられない.

Elle *est en train de* téléphoner.　　　　　　彼女は電話をしている最中だ.

(2) 近接未来 (*futur proche*) = 〈**aller ＋不定詞**〉で表わす.

用法は英語の *be going to* に類似している.

Je *vais* sortir.　　　　　　　　　　　　私は外出するところだ [すぐに外出する].

🎧◆今からすぐに開始する行為を表わすのが本来の用法だが, 日常語では,「未来の時」を示す語句を伴って, かなり先の事柄を表わす場合にも用いられる:

Nous *allons voyager* en Europe *cet été*.　私たちはこの夏にヨーロッパを旅行する.

◆〈aller ＋不定詞〉は「…しに行く」という意味にもなる [§52].

🎧◆2人称で用いて命令・指示を表わすこともある:

Tu ne *vas* pas *sortir*.　君は外出してはいけない.

(3) 近接過去 (*passé récent*) = 〈**venir de ＋不定詞**〉で表わす.

英語には同じような表現はなく, 現在完了の用法のひとつに相当する.

Je *viens de* rentrer.　　　　　　　　　　私は帰宅したところだ [今帰宅した].

🎧◆「たった今…したところだ」と近接性を強調するときは副詞の juste を併用する:

Je viens *juste* de rentrer.　私はたった今帰宅したところだ.

Exercices

1. 不定詞を命令形にして，命令文を作りなさい.

A. tu に対する命令文

1) *appeler* le médecin
2) ne plus *pleurer*
3) ne pas *enlever* ton manteau

4) *ouvrir* la fenêtre
5) ne pas *dire* de bêtises
6) *aller* chez le dentiste

B. nous に対する命令文

1) *essayer* encore une fois
2) *commencer* la classe
3) ne pas *déranger* les voisins

4) ne jamais *désespérer*
5) ne pas *être* pessimistes
6) *avoir* de la patience

C. vous に対する命令文

1) *faire* attention aux voitures
2) ne pas *marcher* sur la pelouse
3) *rappeler* ce soir

4) ne pas *boire* trop d'alcool
5) *être* heureux
6) *savoir* que ce n'est pas ma faute

2. 動詞を指示された表現に変えなさい.

A. 進行中の行為

1) Elle *prépare* le repas.
2) Les enfants *font* leurs devoirs.
3) Quel livre *lisez*-vous ?

B. 近接未来

1) Les invités *arrivent*.
2) Le train *part*.
3) Je *prends* un bain.

C. 近接過去

1) Ce livre *paraît*.
2) Nous *apprenons* une nouvelle étonnante.
3) Je *reçois* ton mail.

Thème

1) 用心しなさい (prudent). あまり遠くに (loin) 行かないで. (＊tu [女性単数] に対する命令文)
2) 安心しなさい (tranquille). 怖がらないで (avoir peur). (＊vous [男性複数] に対する命令文)
3) 彼女の兄は３年前からロンドン (Londres) で暮らしている (vivre).
4) お前は何をしているの？　―僕の部屋を片づけている (ranger) 最中だよ.
5) 私はお腹がすいていません (avoir faim). 食べたばかりです.

Leçon **11**　直説法の時制 – 2

　直説法の時制には現在のほかに，**複合過去**，**半過去**，**大過去**，**単純未来**，**前未来**などの時制がある．これからの３つの課で，そうした時制の形と用法を見ていく．

§33　複合過去 [077]

[形]　助動詞の現在形＋過去分詞

　複合過去（*passé composé*）は**助動詞**（*auxiliaire*）と**過去分詞**（*participe passé*）を組み合わせて作る．フランス語では，avoir と être がこうした助動詞として用いられる．

● **avoir を助動詞とするもの**（他動詞のすべてと，自動詞の大部分）

chanter（過去分詞：chanté）

j'	ai	chanté	nous	avons	chanté
tu	as	chanté	vous	avez	chanté
il	a	chanté	ils	ont	chanté
elle	a	chanté	elles	ont	chanté

　　　否定形：je n'ai pas chanté　　nous n'avons pas chanté
　　　倒置形：ai-je chanté　　　　　avons-nous chanté
　否定倒置形：n'ai-je pas chanté　　n'avons-nous pas chanté

● **être を助動詞とするもの**（自動詞の一部．過去分詞を主語の性・数と一致させる）[078]

partir（過去分詞：parti）

je	suis	parti(e)	nous	sommes	parti(e)s
tu	es	parti(e)	vous	êtes	parti(e)(s)
il	est	parti	ils	sont	partis
elle	est	partie	elles	sont	parties

　　　否定形：je ne suis pas parti(e)　　nous ne sommes pas parti(e)s
　　　倒置形：suis-je parti(e)　　　　　　sommes-nous parti(e)s
　否定倒置形：ne suis-je pas parti(e)　　ne sommes-nous pas parti(e)s

être を助動詞とする動詞：場所の移動や状態の変化を表わす次のような動詞は，ふつう être を助動詞とする．助動詞に être をとるものは辞書にその旨の記述がある．[079]

　　　　　（下記の一覧で * のついた動詞は他動詞としての用法もあり，その場合は助動詞に avoir をとる）

aller　行く	entrer*　入る	revenir　帰ってくる	devenir　...になる
venir　来る	sortir*　出る	retourner*　戻っていく	apparaître　現れる
partir　発つ	monter*　上がる	rentrer*　帰宅する	naître　生まれる
arriver　着く	descendre*　下りる	passer*　通る	mourir　死ぬ
rester　とどまる	tomber　落ちる，転ぶ		

Remarque　　　　　■ **活用動詞と否定形・倒置形の語順** ■

　活用動詞とは，文中で主語の人称・数・時制などに応じて形を変えている動詞のことをいう．複合過去では助動詞が活用動詞であり，過去分詞は活用動詞ではない．否定形や倒置形の語順は活用動詞である助動詞を中心に組み立てる．すなわち，否定形は助動詞をneとpasで囲み，倒置形は助動詞と主語人称代名詞をハイフンで結び，否定倒置形はそれらの前後にne ... pas を置く．過去分詞は否定形や倒置形の語順変更に関与しない．

[用法] 080

　複合過去の用法は，「過去」と「現在完了」（=現在とつながりのある事柄）に大別できる.

(1) 過去：過去の出来事を表わす.

　　Qu'est-ce que tu *as fait* hier ?　　　　　　　君はきのう何をしたの？
　　―J'*ai visité* le musée d'Orsay.　　　　　　　―オルセー美術館を見学した.

(2) 現在完了：行為の完了（およびその結果），経験，状態の継続を表わす.

　　Ils *sont* déjà *partis*.　　　　　　　　　　　彼らはもう出発した.
　　Vous n'*avez* jamais *mangé* d'escargots ?　　あなたは一度もエスカルゴを食べたことがないのですか？
　　Je n'*ai* pas *vu* Georges depuis longtemps.　私はずっと前からジョルジュに会っていない.

　　◆現在までの状態の継続は，肯定文では現在形で表わすが [§31]，否定文では一般に複合過去を用いる.

[過去分詞の形] 081

　過去分詞は，-é, -i, -u, -s, -t のいずれかで終わる. 不定詞が -er の動詞 (aller を含む) は過去分詞が -é になる. -ir 動詞の大半は過去分詞が -i になり，それ以外の動詞の過去分詞は -u になることが多いが，例外がかなりある.

| | | 不 定 詞 語 尾 | | | |
		-er	-ir	-re	-oir
過去分詞語尾	**-é**	*chanter* chanté *aller* allé		*être* été *naître* né	
	-i		*finir* fini *partir* parti	*rire* ri *suffire* suffi	
	-u		*courir* couru *venir* venu	*entendre* entendu *lire* lu *plaire* plu *connaître* connu *vivre* vécu *croire* cru *boire* bu	*avoir* eu /y/ *savoir* su *valoir* valu *voir* vu *devoir* dû *recevoir* reçu *vouloir* voulu *pouvoir* pu
	-s			*mettre* mis *prendre* pris	
	-t		*ouvrir* ouvert *mourir* mort	*dire* dit *conduire* conduit *peindre* peint *écrire* écrit *faire* fait	

Remarque　　　　　　　　　■ **単純時制と複合時制** ■

　複合過去の「複合」とは「助動詞と過去分詞が組み合わさった」という意味である.〈助動詞＋過去分詞〉の形を複合形といい，複合形を用いる時制を**複合時制** (*temps composé*) という. 現在形のように動詞自体が活用するものは単純形で，単純形を用いる時制は**単純時制** (*temps simple*) である.

　これから順次学んでいくが，フランス語の時制は，直説法の現在と複合過去のように，単純時制と複合時制のペアで構成されている (巻末の121ページに単純時制と複合時制の一覧が載っている).

Exercices

1. かっこ内の動詞を複合過去形にしなさい.

A. 助動詞は avoir

1) Je (*lire*) le journal et je (*voir*) un article intéressant.

2) Elle (*ouvrir*) son sac et elle (*mettre*) son porte-monnaie dedans.

3) Tu (*suivre*) un régime et tu (*perdre*) dix kilos.

4) Ils (*démolir*) la vieille maison et ils (*construire*) un immeuble moderne.

5) Le réalisateur du film (*recevoir*) le Grand prix et il (*faire*) un petit discours.

B. 助動詞は être

1) Louise (*partir*) du bureau à six heures et elle (*rentrer*) tout à l'heure.

2) Ils (*revenir*) à Paris il y a une semaine et ils (*repartir*) avant-hier.

3) Ma mère (*tomber*) malade et elle (*rester*) au lit quelques jours.

C. 助動詞は avoir または être

1) Il (*travailler* bien) et il (*devenir*) directeur.

2) Nous (*descendre*) du métro et nous (*monter*) les escaliers.

3) Il (ne pas *trouver*) sa carte de crédit et il (*devoir*) payer en espèces.

4) Je (*oublier*) ma clé et je (ne pas *pouvoir*) entrer.

5) Elle (*prendre*) son parapluie et elle (*sortir*) sous la pluie.

6) Je (*passer*) par cette rue, mais je (ne pas *rencontrer*) Françoise.

2. 下記の語句を用いて複合過去の倒置疑問文を作りなさい.

1) elle / *retrouver* / son agenda perdu / ?

2) André / ne pas *refuser* / cette offre / ?

3) quand / ils / *déménager* / ?

4) pourquoi / elle / *retourner* / chez ses parents / ?

5) que / tu / *faire* / dimanche dernier / ?

6) où / vous / *connaître* / ces gens-là / ?

Thème

1) 彼女はパーティー (fête) に誰と来たの？

2) 招待客たちはもう着いているのに，私の夫はまだ帰宅していない.

3) 私たちは映画館から出て，あるカフェに入った.

4) 私の祖母 (grand-mère) はノルマンディーで生まれ，パリで亡くなった.

5) この夏，私たちは南仏 (Midi) でバカンスを過ごした.

Leçon **12**　直説法の時制 – 3

§34　半過去　082

　半過去（*imparfait*）は，複合過去とならんで，よく用いられる過去時制である．フランス語の文法用語の imparfait は英語で言えば *imperfect* で，「完了（*parfait, perfect*）していない」という意味であり，「未完了過去」と呼ばれることもある．こうした呼称が示すように，半過去は，「過去のある時点においてある事態が続いていた（＝まだ半ばだった，完了していなかった）」ことを表わすための時制である．

[形] 半過去は単純時制であり，助動詞を用いず動詞自体が活用する．現在形と違って，語尾変化はすべての動詞に共通．語幹も人称・数によって変化することはない．

　語幹：現在形の複数１人称の活用形 (nous ...) の語幹と同じ．唯一の例外は être の語幹 ét-.

　語尾（例外なし）：

je	–**ais**	nous	–**ions**
tu	–**ais**	vous	–**iez**
il	–**ait**	ils	–**aient**

chanter
（nous chant*ons*　語幹：chant-）

je	chant*ais*	nous	chant*ions*
tu	chant*ais*	vous	chant*iez*
il	chant*ait*	ils	chant*aient*

faire
（nous fais*ons*　語幹：fais-）

je	fais*ais*	nous	fais*ions*
tu	fais*ais*	vous	fais*iez*
il	fais*ait*	ils	fais*aient*

avoir
（nous av*ons*　語幹：av-）

j'	av*ais*	nous	av*ions*
tu	av*ais*	vous	av*iez*
il	av*ait*	ils	av*aient*

être
（語幹：ét-）

j'	ét*ais*	nous	ét*ions*
tu	ét*ais*	vous	ét*iez*
il	ét*ait*	ils	ét*aient*

◆ -cer, -ger で終わる動詞は，/s/, /ʒ/ の発音と合わせるために，語尾が a で始まる活用形で語幹の最後を ç, ge と綴る：

commencer : je commen**ç**ais ... nous commencions ... ils commen**ç**aient

manger : je man**ge**ais ... nous mangions ... ils man**ge**aient

[用法]　083

　フランス語の半過去の用法をすべてカバーする時制は英語にはない．過去形や過去進行形や *used to* の表現などが部分的に該当する．

(1) 過去のある時点での状況（＝継続行為，状態）を表わす．

Qu'est-ce que vous *faisiez* à ce moment-là ?　　その時あなたは何をしていましたか？

Quand le téléphone a sonné, je *prenais* une douche.　　電話が鳴ったとき，私はシャワーを浴びていた．

(2) 以前の状況・習慣を表わす（現在の事態と対比して）．

Quand j'*étais* enfant, je *détestais* les carottes.　　子供の頃，私はにんじんが嫌いだった．

Autrefois, les écoliers français *portaient* des bérets.　　かつてフランスの小学生はベレー帽をかぶっていた．

(3) 状況の描写に用いる（多くは出来事の背景として）．

Je *dormais*. Tout à coup, le téléphone a sonné.　　私は眠っていた．突然，電話が鳴った．

Le spectacle en plein air *allait* commencer, quand l'orage a éclaté.　　野外ショーが始まろうとしていた．そのとき急に雷雨が襲ってきた．

Elle *était* triste, elle *avait* envie de pleurer.　　彼女は悲しくて，泣きたい気持ちだった．

◆(3)の用法は，過去の時点が文脈に明示されていないが，実質的には (1) の用法と同じと考えてよい.

◆近接未来・近接過去の表現〈aller [venir de] + 不定詞〉を過去時制に置く場合は, (そのときの「状況」を表わすので) aller, venir を半過去形にする.

◆状況を表わす半過去を含む主節の後に quand で導かれる従属節を置くときは，一般にコンマで区切る(用法(3)の2番目の例文).

Remarque　　　　　　　　　　　　　■ **複合過去と半過去** ■

● 過去の事柄を，実際に続いた時間的長さには関係なく，「(現在から見て)**完了したこと**」としてとらえれば複合過去を用い，「(過去のある時点で)**継続していたこと**」としてとらえれば半過去を用いる. 動作を表わす動詞については，日本語の「…した」と「…していた」，英語の「過去形(または現在完了形)」と「過去進行形」の違いとほぼ同じである.

複合過去：　Il *a chanté*.　　　（日）彼は歌った.　　　（英）He *sang*.

半過去：　　Il *chantait*.　　　（日）彼は歌っていた.　　（英）He *was singing*.

● 継続行為や状態，あるいは反復した行為を言い表わすときに，いつも半過去を使うとは限らない. たとえば，「一日中家にいた」や「その映画を何度も見た」は半過去を使って言いそうに思えるが，複合過去を用いるのが正しい. 期間や回数を示すことができるのは，事柄を完了したものとしてとらえているからである.

×Hier, elle *restait* à la maison toute la journée.

〇Hier, elle *est restée* à la maison toute la journée.　　きのう彼女は一日中家にいた.

×Je *voyais* ce film plusieurs fois.

〇J'*ai vu* ce film plusieurs fois.　　　　　　　　　　私はその映画を何度も見た.

● 一般に「状態」を表わす être などの動詞は半過去で用いられることが多いが，複合過去にもなりうる.

L'enfant *a été* malade pendant une semaine.　　　子供は一週間病気だった.

〔一定期間継続したがすでに完了した事柄〕

L'enfant a trop mangé et il *a été* malade.　　　子供は食べ過ぎて病気になった.

〔過去の出来事. この用例の il *a été* malade は il *est tombé* malade と言い換えることができる〕

● 逆に，「瞬間的行為」であっても，完了していない事態としてとらえるときは半過去を用いて表わす.

Quand il est arrivé, je *sortais*.　　　　　　　　　彼がやってきたとき，私は外出するところだった.

外出の準備ができて家から出かかっているのだが，まだ完全に外に出てはいない状態である. 「外出しつつあった」という事態であるが，日本語の表現としては，上記のように「…するところだった」とするほうが自然であろう.

---

§35 大過去 084

[形] 助動詞の半過去形＋過去分詞

〈助動詞の半過去形＋過去分詞〉を**大過去** (*plus-que-parfait*) という．助動詞は avoir または être で，そのどちらを使うかの区別は複合過去の場合と同じ（＝他動詞のすべてと自動詞の大部分は avoir，自動詞の一部だけが être）．助動詞が être のときに主語と過去分詞を一致させることも複合過去の場合と同じである．

● avoir を助動詞とするもの（他動詞のすべてと，自動詞の大部分）

chanter（過去分詞：chanté）

j'	avais chanté	nous avions chanté
tu	avais chanté	vous aviez chanté
il	avait chanté	ils avaient chanté
elle	avait chanté	elles avaient chanté

否定形：je n'avais pas chanté　　nous n'avions pas chanté
倒置形：avais-je chanté　　avions-nous chanté
否定倒置形：n'avais-je pas chanté　　n'avions-nous pas chanté

● être を助動詞とするもの（自動詞の一部．過去分詞を主語の性・数と一致させる）085

partir（過去分詞：parti）

j'	étais parti(e)	nous étions parti(e)s
tu	étais parti(e)	vous étiez parti(e)(s)
il	était parti	ils étaient partis
elle	était partie	elles étaient parties

否定形：je n'étais pas parti(e)　　nous n'étions pas parti(e)s
倒置形：étais-je parti(e)　　étions-nous parti(e)s
否定倒置形：n'étais-je pas parti(e)　　n'étions-nous pas parti(e)s

[用法] 086

複合過去は現在を基準として事柄を記述するが，その基準点を過去に移せば，複合過去の用法がそのまま大過去に当てはまる．ほぼ英語の過去完了の用法と同じ．

(1) 過去のある時点ですでに起きていた出来事を表わす．

Le train *était* déjà *parti* quand nous sommes arrivé(e)s à la gare.
私たちが駅に着いたときには列車はもう発車していた.

Ils *avaient marché* pendant des heures et ils étaient épuisés.
何時間も歩いて，彼らは疲れ果てていた.

Ah ! J'*avais* complètement *oublié* !
ああ，私はすっかり忘れていた.

◆最後の例文は「すっかり忘れていた (が，たった今思い出した)」という意味．複合過去を使って J'ai complètement *oublié* ! とすると，「すっかり忘れてしまった (今も思い出せない)」という意味になる.

(2) 過去の習慣的行為 (半過去で表わされる) に先立つ別の習慣的行為を表わす．

Quand nous *avions dîné*, nous bavardions dans le séjour.
夕食を終えると，私たちは居間でおしゃべりをしたものだった.

Exercices

1. かっこ内の動詞を半過去形にしなさい.

1) Quand leur mère est rentrée, les enfants (*jouer*) aux jeux vidéo.

2) Quand elle a eu cet accident, elle (*venir*) d'obtenir son permis de conduire.

3) Pendant que je (*ranger*) ma bibliothèque, mon petit frère (*feuilleter*) des magazines.

4) Elle a doucement fermé la porte parce que le bébé (*dormir*).

5) Je (*flâner*) dans le Quartier latin, quand j'ai rencontré un vieil ami.

6) Nous (*dîner*). Tout à coup, il y a eu un tremblement de terre.

7) Mon père (*faire*) beaucoup de sport dans sa jeunesse.

8) Quel genre de roman (*lire*)-tu quand tu (*être*) lycéen(ne) ?

9) Chaque fois que nous (*boire*), nous (*chanter*) ensemble cette chanson.

2. かっこ内の動詞を大過去形にしなさい.

1) En 1840, Balzac (*écrire* déjà) de nombreux romans.

2) Ils (*vendre*) les meubles inutiles avant de déménager.

3) Elle (ne jamais *aller*) en Allemagne avant ce voyage touristique.

4) Je (*répondre* déjà) à toutes les questions dix minutes avant la fin de l'examen.

5) L'heure du départ approchait, mais je (ne pas encore *faire*) ma valise.

6) Le dimanche, quand nous (*assister*) à la messe, nous déjeunions au restaurant.

Thème

1) 私たちはけさジャンの家に寄ったけれど, 彼はいなかった (être là).

2) 私は通りを歩いていた. 突然, 叫び声 (cri) が聞こえた.

3) 子供の頃, 私たちはその公園でいっしょに遊んだものだ.

4) 彼らが競技場 (stade) に入ったとき, 試合 (match) はもう始まっていた.

5) 私は眠くてたまらなかった (tomber de sommeil), というのは (car) 一晩中勉強したからだ.

Leçon **13** 直説法の時制 – 4

§36 単純未来 087

　フランス語の未来形は英語のように助動詞（*will, shall*）を用いるのではなく，動詞自体が活用する．**単純未来**（*futur simple*）とは，単純形を用いる未来時制という意味である．

　[形] 語幹が人称・数によって変化することはない，語尾変化はすべての動詞に共通．

　語幹：原則としては，不定詞の末尾の r, re, oir を除いた部分．ただし例外も多い．

　語尾（例外なし）：

je	**–rai**	nous	**–rons**
tu	**–ras**	vous	**–rez**
il	**–ra**	ils	**–ront**

● 単純未来形の語幹を原則どおり不定詞から作れる動詞

chanter（語幹：chante-）

je	chante*rai*	nous	chante*rons*
tu	chante*ras*	vous	chante*rez*
il	chante*ra*	ils	chante*ront*

finir（語幹：fini-）

je	fini*rai*	nous	fini*rons*
tu	fini*ras*	vous	fini*rez*
il	fini*ra*	ils	fini*ront*

prendre（語幹：prend-）

je	prend*rai*	nous	prend*rons*
tu	prend*ras*	vous	prend*rez*
il	prend*ra*	ils	prend*ront*

devoir（語幹：dev-）

je	dev*rai*	nous	dev*rons*
tu	dev*ras*	vous	dev*rez*
il	dev*ra*	ils	dev*ront*

● 単純未来形で特殊な語幹をとる動詞 088

être（語幹：se-）

je	se*rai*	nous	se*rons*
tu	se*ras*	vous	se*rez*
il	se*ra*	ils	se*ront*

avoir（語幹：au-）

j'	au*rai*	nous	au*rons*
tu	au*ras*	vous	au*rez*
il	au*ra*	ils	au*ront*

aller（語幹：i-）

j'	i*rai*	nous	i*rons*
tu	i*ras*	vous	i*rez*
il	i*ra*	ils	i*ront*

faire（語幹：fe-）

je	fe*rai*	nous	fe*rons*
tu	fe*ras*	vous	fe*rez*
il	fe*ra*	ils	fe*ront*

Remarque 　　　　　　　■ 単純未来形の由来 ■

　古い時代のフランス語には未来形がなく，〈不定詞 + avoir の現在形〉すなわち「…を(これから行なうこととして)持っている」という表現で未来の事柄を表わしていた．やがて，(je) chanter + ai → (je) chanterai のように，両者が合体してひとつの語を形成するようになった．したがって，語源的には，単純未来形の語尾に共通して現れる r は不定詞の末尾の r であり，それに続く部分は avoir の現在形（の語尾）である．

● 単純未来形で特殊な語幹をとる動詞の一覧 089
（前記の être, avoir, aller, faire 以外．je の活用形のみを示す）

不定詞：-er		不定詞：-ir		不定詞：-oir	
acheter	*j'achèterai*	courir	*je courrai*	savoir	*je saurai*
appeler	*j'appellerai*	venir	*je viendrai*	voir	*je verrai*
payer	*je paierai*			valoir	*je vaudrai*
envoyer	*j'enverrai*			vouloir	*je voudrai*
				pouvoir	*je pourrai*

◆payer については，不定詞から規則的に作る je payerai... の活用形もある．
◆不定詞が -re で終わる動詞の単純未来形は，être, faire 以外は不定詞から規則的に作ることができる．

[用法] 090

(1) 未来の事柄を表わす．

Nous *reviendrons* dans une semaine. 私たちは1週間後に戻ってくる予定です．

Je *lirai* ce livre quand j'*aurai* le temps. 私は時間ができたらこの本を読む．

Si tu prends un taxi, tu *arriveras* à temps. タクシーを使えば，君は間に合って着くだろう．

◆日本語には未来を表わす活用語尾がないので，「…だ」のような終止形を使うか，「…だろう」や「…する予定だ」などの表現で補足するしかない．

◆主語が1人称の単純未来形は，予測・予定を述べる場合が多いが，話し手の意思を含むこともある．曖昧さを避けて「…するつもりだ」と意思をはっきり表わすときは，〈avoir l'intention de＋不定詞〉，〈compter＋不定詞〉などの表現を用いる．

◆接続詞の quand (英語の *when* に相当) の後では，未来の事柄であれば未来形を使うことができるが，接続詞の si (英語の *if* に相当) の後では未来形は使わず，現在形を使う（上の3番目の例文を参照）．

(2) 命令・指示を表わす．

Tu *feras* tes devoirs. お前は宿題をするのですよ．

◆一般には，単純未来を用いると命令・指示の語気が和らぐ．

Remarque ■ 未来の事柄の表わし方 ■

　未来の事柄は，動詞の単純未来形だけでなく現在形や近接未来形 (= aller + 不定詞) で表わすこともできる．それらには次のような違いがある．

　現在形は，実現を確信していることを述べるときに使う．状況で明らかな場合 (J'arrive!「すぐ行きます」など) を除けば，現在の事柄と誤解されないように，文中に未来の時点を示す語句を明示する．

　近接未来形は，まぢかに実現することや，実現の可能性が高いと考えていることを述べるときに使う．未来の時点を示す表現を伴えば，かなり先の事柄について述べることもできる．

　単純未来形は，時間がたてば実現するはずの未来の予定・予測を述べるときに使う，したがって，今まさにしようとしていることや差し迫った事態に用いるのは不自然である．

○Attention, tu *vas tomber* ! 危ない，転ぶよ．〔近接未来形〕

×Attention, tu *tomberas* ! 危ない，転ぶだろう．〔単純未来形〕

　単純未来形はまた，実現を先に延ばしたい事柄や，条件がととのえば実現するだろう事柄を述べるときに使われる (用法(1)の例文の Je *lirai* ... や ... tu *arriveras* など)．

---

§37　前未来　091

[形] 助動詞の単純未来形＋過去分詞

　〈助動詞の単純未来形＋過去分詞〉を**前未来**（*futur antérieur*）という．助動詞の区別や，過去分詞の一致については複合過去・大過去の場合と同じ．

● avoir を助動詞とするもの　（他動詞のすべてと，自動詞の大部分）

chanter（過去分詞：chanté）

j'	aurai	chanté	nous	aurons	chanté
tu	auras	chanté	vous	aurez	chanté
il	aura	chanté	ils	auront	chanté
elle	aura	chanté	elles	auront	chanté

否定形：je n'aurai pas chanté　　　　nous n'aurons pas chanté
倒置形：aurai-je chanté　　　　　　　aurons-nous chanté
否定倒置形：n'aurai-je pas chanté　　n'aurons-nous pas chanté

● être を助動詞とするもの　（自動詞の一部．<u>過去分詞を主語の性・数と一致させる</u>）　092

partir（過去分詞：parti）

je	serai	parti(e)	nous	serons	parti(e)s
tu	seras	parti(e)	vous	serez	parti(e)(s)
il	sera	parti	ils	seront	partis
elle	sera	partie	elles	seront	parties

否定形：je ne serai pas parti(e)　　　　nous ne serons pas parti(e)s
倒置形：serai-je parti(e)　　　　　　　serons-nous parti(e)s
否定倒置形：ne serai-je pas parti(e)　　ne serons-nous pas parti(e)s

[用法]　093

(1) 未来のある時点までの行為の完了を表わす．英語の未来完了に相当する．

　Ils *seront rentrés* à huit heures.　　　　彼らは8時には帰宅しているだろう．

　Je sortirai quand j'*aurai fait* le ménage.　　私は掃除をすませたら出かける．

(2) 行為の完了を強調した命令・指示を表わす．

　Tu *auras fait* tes devoirs avant le dîner.　　お前は夕食までに宿題をしてしまうのですよ．

　🎧◆ 命令法の複合形（＝助動詞の命令法＋過去分詞）も「行為の完了」を表わす：
　　Aie fait tes devoirs avant le dîner.　夕食までに宿題をしてしまいなさい．

Remarque　　　　　　　　■ **不定詞複合形** ■　094

　これまで見てきたように，複合過去・大過去・前未来などの複合時制は行為の完了を表わす．行為の完了を不定詞で表わす場合は，不定詞の複合形（＝助動詞の不定詞＋過去分詞）を用いる．たとえば，上記の前未来の用法 (1) の2番目の文は，〈après＋不定詞複合形〉を用いて次のように言い換えることができる．

　Je sortirai après *avoir fait* le ménage.　　私は掃除をすませたあとで出かける．

Exercices

1. かっこ内の動詞を単純未来形にしなさい.

1) Nicole (*avoir*) vingt ans le mois prochain.

2) Je (*téléphoner*) à Philippe plus tard.

3) Nous (*aller*) en Italie l'été prochain.

4) Mesdames et Messieurs ! L'avion (*atterrir*) dans vingt minutes.

5) Vous (*savoir*) le résultat avant trois jours.

6) Mes parents (*être*) heureux quand ils (*apprendre*) cette bonne nouvelle.

7) Même si tu insistes, il ne (*changer*) pas d'avis.

8) Vous (*prendre*) la première rue à droite.

9) Je vais débarrasser la table et tu (*faire*) la vaisselle.

10) Tu (*rester*) au lit tant que tu (*avoir*) de la fièvre.

2. かっこ内の動詞を前未来形にしなさい.

1) Dans une heure, on (*nettoyer*) toute la maison.

2) Quand elle sortira, les enfants (*revenir*) de l'école.

3) Débranchez l'ordinateur quand vous (*enregistrer*) les données.

4) Il rentrera en fonction dès qu'il (*reprendre*) ses forces.

5) Ils dîneront ensemble après qu'il (*rentrer*).

Thème

1) 時間ができたら私はその展覧会 (exposition) に行くでしょう.

2) クリスマス (Noël) に，子どもたちはすてきなプレゼント (joli cadeau) をもらうだろう.

3) 運がよければ，そのコンサートのチケット (billet) を手に入れることができるだろう.（＊主語はon）

4) 私は1週間以内にこれらの本を読んでしまう.

5) 私たちが着く頃には，彼らはもう出発しているだろう.

Leçon 14 代名詞 – 1

　フランス語の代名詞の種類は多い．この課と次の課で**人称代名詞**，**中性代名詞**，**不定代名詞**，**関係代名詞**などを見ていく．それ以外の代名詞については第20課以後で扱う．

§38　目的語人称代名詞 095

　まず，2種類の目的語を区別しよう．動詞の目的語には，前置詞のつかない**直接目的語**（objet direct）と，前置詞 à のつく**間接目的語**（objet indirect）がある．

直接目的語：	J'invite *Michel*.	私はミシェルを招待する．
間接目的語：	Je téléphone *à Michel*.	私はミシェルに電話をする．
	J'offre ce livre *à Michel*.	私はこの本をミシェルに贈る．

上記の文のイタリック体の部分を代名詞に変えると，次のようになる．

直接目的語：	Je *l'*invite.	私は彼を招待する．
間接目的語：	Je *lui* téléphone.	私は彼に電話をする．
	Je *lui* offre ce livre.	私はこの本を彼に贈る．

　このように，目的語として用いられ，一般に動詞の前に置かれる人称代名詞を**目的語人称代名詞**（pronom personnel objet）という．間接目的語が名詞の場合には à がつくが，間接目的語人称代名詞には à がつかない．

直接目的語人称代名詞 096

		単数	複数
1人称		me [m']	nous
2人称		te [t']	vous
3人称	男性	le [l']	les
	女性	la [l']	

間接目的語人称代名詞 097

		単数	複数
1人称		me [m']	nous
2人称		te [t']	vous
3人称	男性	lui	leur
	女性		

目的語人称代名詞の位置 098

● **一般的な語順** （肯定命令文以外）

> （主語）＋（ne）＋**目的語人称代名詞** ＋活用動詞 ＋（pas）…

（＊活用動詞とは，単純時制のときの動詞と複合時制のときの助動詞を指す）

肯定文：	Je *l'*invite.	Je *lui* téléphone.
	Je *l'*ai invité.	Je *lui* ai téléphoné.
否定文：	Je ne *l'*invite pas.	Je ne *lui* téléphone pas.
	Je ne *l'*ai pas invité.	Je ne *lui* ai pas téléphoné.
倒置疑問文：	*L'*invitez-vous ?	*Lui* téléphonez-vous ?
	*L'*avez-vous invité ?	*Lui* avez-vous téléphoné ?
否定命令文：	Ne *l'*invitez pas.	Ne *lui* téléphonez pas.

🎧 ◆ 不定詞の目的語のときは，目的語人称代名詞を不定詞の前に置く：

　　Je vais *l'*inviter.　彼を招待しよう．　　Je ne veux pas *lui* téléphoner.　彼に電話をしたくない．

● **肯定命令文での語順** 099

動詞の後に置き，動詞とハイフンで結ぶ．

動詞 – 目的語人称代名詞	Invitez-*le*.　　Téléphonez-*lui*.
	Invitez-*moi*.　　Téléphonez-*moi*.

　◆ me の代わりに moi を用いる．3人称単数男性形の le は，綴りは変わらないが，アクセントをつけて /lø/ と発音する．

§39　中性代名詞 en（1）⟨100⟩

　直接目的語が特定のものを指している場合は人称代名詞を用いて言い換えるが，<u>不特定なもののときには代名詞の en を使う</u>．en は３人称単数男性扱いで，性・数の変化をしない．性・数の変化をしない代名詞は**中性代名詞**（*pronom neutre*）と呼ばれるが，広い意味では人称代名詞の一種とみなすことができる．文中での en の位置は，目的語人称代名詞と同じく，原則として活用動詞の前である．直接目的語人称代名詞も中性代名詞 en も，後続する動詞とリエゾンをする（en の前でもリエゾンを行なう）．

Nous achetons *ces fleurs*.	→Nous *les* achetons.	私たちはこれらの花を買う．〔特定〕
Nous achetons *des fleurs*.	→Nous *en* achetons.	私たちは何本かの花を買う．〔不特定〕

[用法]

(1) en を単独で使用する ― 数量が限定されていない場合や数量がゼロの場合．

　不定冠詞複数形，部分冠詞，否定の冠詞 de などのついた名詞を受ける．

Il mange des *croissants*.	→Il *en* mange.	彼はクロワッサンを食べる．
Elle boit *de l'eau minérale*.	→Elle *en* boit.	彼女はミネラルウォーターを飲む．
Je n'ai pas *de crayon*.	→Je n'*en* ai pas.	私は鉛筆を持っていない．

　🎧◆ en の前では，母音の連続を避けるために，tu の命令形の末尾の s [§30] を復活させリエゾンをする：
　　Mange des bonbons. → Mange**s**-en.　キャンディーをお食べ．

(2) en と数量を示す語句とを併用する ― 数量が限定されている場合．⟨101⟩

　(a) 不定冠詞単数形，基数詞 [§19]，数量形容詞 [§20] などのついた名詞を受ける．

Elle a *un frère*.	→ Elle *en* a *un*.	彼女には兄が１人いる．
Il utilise *deux ordinateurs*.	→ Il *en* utilise *deux*.	彼はコンピュータを２台使っている．
Ils ont *plusieurs enfants*.	→ Ils *en* ont *plusieurs*.	彼らには子供が何人もいる．

　(b) 数量表現 [§21] のついた名詞を受ける．

Il a *beaucoup d'amis*.	→ Il *en* a *beaucoup*.	彼には友人がたくさんいる．
Elle achète *un kilo de tomates*.	→ Elle *en* achète *un kilo*.	彼女はトマトを１キロ買う．

　◆ 数量表現に含まれる de は，名詞を修飾するときには必要だが，en と併用するときは不要である．

§40　助動詞 avoir を用いる場合の過去分詞の一致 ⟨102⟩

　<u>直接目的語が過去分詞より前にあるときは，過去分詞を直接目的語の性・数に一致させる</u>．

Ces cerises sont délicieuses ; je *les* ai acheté**es** au marché.	このサクランボはとてもおいしい．市場で買ったの．
Quelle *cravate* a-t-il chois**ie** ?	彼はどのネクタイを選びましたか？

　🎧◆ 直接目的語が中性代名詞の en の場合は過去分詞は変化しない（中性代名詞は単数男性として扱うので）：
　　Tu as acheté des cerises ? ― Oui, j'*en* ai acheté.　君はサクランボを買った？―ええ，買ったわ．

§41　目的語人称代名詞や en を併用する場合の語順　103

(1) 2つの目的語人称代名詞の語順

　2つの目的語人称代名詞を併用できるのは，直接目的語が3人称の le, la, les の場合だけである.

● 一般的な語順　(肯定命令文以外)

Il *me le* donne.	彼は私にそれをくれる.
Il ne *me le* donne pas.	彼は私にそれをくれない.
Il *me l'*a donné.	彼は私にそれをくれた.
Il ne *me l'*a pas donné.	彼は私にそれをくれなかった.
Ne *me le* donnez pas.	私にそれをくれるな.
Je *le lui* donne.	私は彼(女)にそれをあげる.
Je ne *le lui* donne pas.	私は彼(女)にそれをあげない.
Je *le lui* ai donné.	私は彼(女)にそれをあげた.
Je ne *le lui* ai pas donné.	私は彼(女)にそれをあげなかった.
Ne *le lui* donnez pas.	彼(女)にそれをあげるな.

◆ 直接目的語が le, la, les 以外の人称代名詞の場合は，間接目的語を〈à＋強勢形〉[§42] にして，動詞の後に置く:
　Je *te* présente *à Monique*.　　　　　　　　君をモニックに紹介するよ.
　　→ Je *te* présente *à elle*.　(˟Je *te lui* présente.)　君を彼女に紹介するよ.

● 肯定命令文での語順

　肯定命令文では，常に直接目的語 le, la, les が先にくる. me は moi になる.

直接目的語 le la les	-	間接目的語 moi nous lui leur		
		Donnez-*le-moi*.	私にそれをください.
		Donnez-*le-lui*.	彼(女)にそれをあげなさい.

(2) en の位置　104

　en は常に目的語人称代名詞の後にくる. 肯定命令文では，m'en, t'en 以外はハイフンで結ぶ.

Il *m'*a envoyé *un colis*.	彼は私に小包を送ってきた.
→ Il *m'en* a envoyé un.	
Il *vous* emprunte *de l'argent* ?	彼はあなたにお金を借りますか?
→ Il *vous en* emprunte ?	
Donne-*moi des bonbons*.	私にキャンディーをちょうだい.
→ Donne-*m'en*.	
Faisons *un cadeau à Patricia*.	パトリシアにプレゼントをしよう.
→ Faisons-*lui-en* un.	

◆ il y a と en を併用するときは il y en a になる:
　Il y a plusieurs solutions.　いくつもの解決策がある.
　　→ *Il y en a* plusieurs.

Exercices

1. 下線の語句を人称代名詞に変えて，全文を書き改めなさい (過去分詞が変化する場合もあるので注意すること).

1) Je laisse ce morceau de gâteau.

2) Le bébé ressemble à son père.

3) Je viens de finir mes devoirs.

4) J'ai rencontré Cécile ce matin.

5) Le boucher dit bonjour à ses clients.

6) Elle a salué poliment ses voisins.

2. 下線の語句を中性代名詞の en に変えて，全文を書き改めなさい.

1) Mon père porte des lunettes.

2) Nous faisons du vélo.

3) Il n'y avait plus de places.

4) Ils ont une maison de campagne.

5) Tu as pris assez de repos ?

6) Je ne pratique aucun sport.

3. 次の疑問文に対して肯定・否定の両方で答えなさい. 答えの文では下線の語句の代わりに人称代名詞または en を用いなさい (過去分詞が変化する場合もあるので注意すること).

1) Est-ce que tu me prêtes ton vélo ?

2) Est-ce qu'il nous donnera ses coordonnées ? (＊間接目的語の nous は変えなくてよい)

3) Est-ce que je peux montrer cette photo à ma sœur ?

4) Est-ce que vous offrez des roses à votre fiancée ? (＊答えの文の主語は je)

5) Est-ce que tu as annoncé ta nouvelle adresse à tes amis ?

4. 下線の語句を人称代名詞またはen に変えて，全文を書き改めなさい.

1) Remplissez cette fiche, s'il vous plaît.

2) Apportez-nous une carafe d'eau, s'il vous plaît.

3) Donnez-moi quatre steaks, s'il vous plaît.

4) Ne mets pas ces chaussures-là.

5) N'achète pas de sucreries aux enfants.

Thème

1) あなたは朝，犬を散歩させますか (promener)？ ― いいえ，夕方に散歩させます.

2) 君はあの本をピエールに返した (rendre)？ ― うん，数日前に返した.

3) 私はお金がなくて，父に頼んだ (demander).

4) 彼女はまた遅刻だ (en retard). 彼女をこれ以上待つのはよそう.

5) 私があなたがたを出口までお連れします (amener). 私についてきて (suivre)ください.

Leçon **15** 代名詞 − 2

前の課に引き続き代名詞を学ぶ．なお，この課からはリエゾンなどの発音上の補助記号を表示しない．

§42 強勢形人称代名詞 [105]

主語人称代名詞と目的語人称代名詞は動詞と切り離すことができず，強勢 (=アクセント) を置くこともできない．それゆえ，下記の (1)〜(5) のような「動詞と隣接する主語・目的語以外の場合」は，「強勢をもつことのできる人称代名詞」を用いる．これを**強勢形人称代名詞** (*pronom personnel tonique*) と呼ぶ．英語では主格・目的格の人称代名詞に強勢を置けるので，こうした特別な形はない．

	単数			複数	
1人称		**moi**	1人称		**nous**
2人称		**toi**	2人称		**vous**
3人称	男性	**lui**	3人称	男性	**eux**
	女性	**elle**		女性	**elles**

[用法] [106]

(1) 属詞として，多くは c'est, ce sont の後で．

　　Allô, qui est à l'appareil ? — C'est *moi* !　　　　　　　もしもし，どなたですか？ — 僕だよ．

(2) 前置詞や que などの後で．

　　Je vais chez *lui* avec *elle*.　　　　　　　　　　　　私は彼の家に彼女といっしょに行く．

　　Je ne connais qu'*eux* dans cette ville.　　　　　　　この町で私は彼らしか知らない．

　　◆ 「私は彼らを知っている」は Je *les* connais. だが，ne ... que 〜 の構文では上記の文のように強勢形を用いる．

(3) 動詞を省略した文で．

　　J'ai un peu soif. Et *vous* ? — *Moi* aussi.　　　　　　私は少し喉が渇いた．あなたは？ — 私も．

(4) 主語・目的語などを強調する．

　　Lui, il est américain et *elle*, elle est anglaise.　　　彼はアメリカ人だが，彼女のほうはイギリス人だ．

　　Charles, *lui*, ne vient pas.　　　　　　　　　　　　シャルルは，来ない．

　　◆ 主語人称代名詞を強調するときは，強勢形をその前に置く．名詞を強調するときは後ろに置く．

(5) 〈強勢形-même(s)〉「〜自身」

　　Thérèse fait *elle*-même ses robes.　　　　　　　　　テレーズは自分で服を作る．

　　Il est égoïste : il ne pense qu'à *lui*-même.　　　　　彼はエゴイストだ．自分のことしか考えない．

　　◆ 3人称の人称代名詞は，同一文中の他の名詞や代名詞が指す人と異なる人を指す．たとえば，*Il ne pense qu'à lui.* という文では，主語の Il と目的語の lui は異なる人物である．lui ではなく lui-même を用いれば主語の Il と同じ人物を指す．

§43　不定代名詞　107

　不定代名詞 (*pronom indéfini*) とは，不定のものを漠然と指し，共通した意味や働きを規定しにくい代名詞を一括した呼び名であり，以下に示すような語のことをいう．不定代名詞の多くは不定形容詞 (＝§20 で見た数量形容詞) に対応している．

(1) 全体・全部

　tout　すべて，全部

　　Tout va bien.　　　　　　　　　　　　　　　　　　　　すべて順調だ．

　　🎧◆tout が直接目的語の場合，複合時制では助動詞と過去分詞のあいだに置く：
　　　Il a *tout* pardonné.　彼はすべてを許した．

　tous [toutes]　みんな，全員；(話題に上った) すべての人・物

　　Nous sommes *tous* d'accord.　　　　　　　　　　　　私たちは全員が賛成だ．

　　　◆不定代名詞 tous の発音は /tus/ (不定形容詞の場合は /tu/).
　　　◆tous, toutes を活用動詞の後ろに置いて，主語や目的語の同格として用いることが多い (上の文では主語の同格)．

　chacun(e)　それぞれ，めいめい；誰もが

　　Chacun a ses défauts.　　　　　　　　　　　　　　　誰にでも欠点がある．

(2) 若干数

　quelques-un(e)s　いくつか，何人か

　　J'ai lu *quelques-uns* de ces livres.　　　　　　　　私はこれらの本の何冊かは読んだ．

　plusieurs　いくつも，何人も

　　Plusieurs d'entre eux étaient absents.　　　　　　彼らのうちの何人もが欠席していた．

　　　◆「…のうちの」は前置詞の de で表わすが，強勢形人称代名詞の前では d'entre を用いる．

(3) 不特定　108

　quelqu'un　誰か，ある人

　　J'attends *quelqu'un*.　　　　　　　　　　　　　　　私は人を待っている．

　quelque chose　何か，ある物 [こと]

　　J'ai *quelque chose* à vous dire.　　　　　　　　　私はあなたに言うことがある．

　n'importe qui　誰でも，**n'importe quoi**　何でも

　　N'importe qui peut participer à cette activité.　誰でもこの活動に参加することができる．
　　Il fera *n'importe quoi* pour devenir riche.　　　彼は金持ちになるためにどんなことでもするだろう．

(4) 否定

　personne　誰も

　　Je n'ai vu *personne*.　　　　　　　　　　　　　　　私は誰も見なかった．

　　　◆否定の意味の不定代名詞 personne と，「人」を意味する名詞 personne を混同しないように注意．

　rien　何も

　　Je n'ai *rien* vu.　　　　　　　　　　　　　　　　　私は何も見なかった．

　　　◆rien が直接目的語の場合は，tout と同じく，複合時制では助動詞と過去分詞のあいだに置く．

　aucun(e)　(…のうちの) どれも，誰も

　　Je ne connais *aucun* de ses amis.　　　　　　　　私は彼(女)の友人たちの誰も知らない．

　　🎧◆否定の personne, rien, aucun(e) は ne とともに用い，pas といっしょには使わないが，ne ... jamais, ne ... plus と
　　　併用することはできる：
　　　Il n'a *jamais* confiance en *personne*.　　　彼は決して誰も信頼しない．
　　　Aucun de mes amis *ne* m'aidera *plus*.　　私の友人たちの誰ももう私を助けてくれないだろう．
　　🎧◆不定代名詞を修飾する形容詞は後ろに置き，あいだに de を入れる：
　　　C'est quelqu'un *de* sympathique.　　　あの人は感じのいい人だ．
　　　On n'a rien *de* prévu.　　　　　　　　予定していることは何もない．

§44　関係代名詞 (1) [109]

　関係代名詞 (*pronom relatif*) は，ある語とそれを修飾する節を結ぶ代名詞である．関係代名詞の種類と用法のすべては§60で学ぶことにし，ここでは qui と que（母音の前では qu'）だけを取りあげる．qui と que の用い方は簡単だが，§28で見た疑問代名詞と同じ形なので，混同しないように注意が必要である．
　先行詞（=関係代名詞が代理する語）が**関係節**（=関係代名詞によって導かれる節）の主語の場合は qui を用い，直接目的語または属詞の場合は que を用いる．先行詞が人を指すか物を指すかによる区別はない．なお，フランス語の関係代名詞は，英語と異なり，省略することができない．
　関係代名詞を用いた文例を以下にあげる．理解を容易にするため，関係節に下線を引いてある．

qui — 関係節の主語（人・物の区別なし）

　J'ai croisé un homme *qui* portait des lunettes de soleil.　　私はサングラスをかけた男とすれ違った．
　J'adore ce CD *qui* vient de sortir.　　私は発売されたばかりのこのCDが大好きだ．
　La dame *qui* est là-bas est la mère de Gilles.　　あそこにいる婦人はジルのお母さんだ．

que [qu'] — 関係節の直接目的語・属詞（人・物の区別なし）

　J'ai croisé un homme *que* j'avais vu quelque part.　　私はどこかで見た男とすれ違った．
　J'adore ce CD *que* je viens d'acheter.　　私は買ったばかりのこのCDが大好きだ．
　La dame *qu'*on voit là-bas est la mère de Gilles.　　あそこに見える婦人はジルのお母さんだ．
　La grand-mère aimait le petit garçon *qu'*il était.　　祖母は子供だった彼を愛していた．

🎧◆関係節の動詞が複合時制で，関係代名詞の先行詞がその動詞の直接目的語の場合は，過去分詞を一致させる [§40]：
　　Voilà les photos que j'ai pris**es** pendant le voyage.　　　私が旅行中に撮った写真はこれです．
🎧◆que で導かれる関係節では主語名詞と動詞を倒置することがある．その場合，主語名詞を動詞の活用形全体 (=複合時制では〈助動詞＋過去分詞〉) の後に置く．
　　C'est le dictionnaire que *mon professeur* m'a recommandé.　　これは先生が薦めてくれた辞書だ．
　　C'est le dictionnaire que m'a recommandé *mon professeur*.

Remarque　　　　　■ **関係節による先行詞の特定化と説明の付加** ■

　関係節は，形容詞と同じく，名詞が表わすものを特定化したり，名詞が表わすものに説明を加えたりする．関係節によって先行詞が特定化される場合（=「そういうものはそれ1つだけだ [それら全部だ]」と了解できる場合）には，当然，定冠詞をつけるが（qui の3番目の用例と que の3番目と4番目の用例）が，関係節が説明を加えている場合は冠詞の使用に影響しない．たとえば，qui と que の最初の用例では，「サングラスをかけた男」や「私がどこかで見た男」はひとりだけではなく，聞き手は「あの男，例の男」のように特定することはできないので不定冠詞をつける．また，qui と que の2番目の用例での関係節は，指示されている「このCD」に説明を付け加えているだけなので，先行詞の特定化にかかわりがない．
　特定化の関係節の前には決してコンマを入れない．説明付加の関係節の前にもふつうはコンマを入れないが，先行詞についての説明であることをはっきりさせたい場合や，誤解を生じるおそれのある場合にはコンマを使う（下の文を参照）．

　Les étudiants *qui avaient beaucoup travaillé* ont réussi l'examen.
　よく勉強した学生たちは試験に合格した．

　Les étudiants, *qui avaient beaucoup travaillé*, ont réussi l'examen.
　学生たちはよく勉強して試験に合格した．

Exercices

1. 適切な強勢形人称代名詞を空欄に書き入れなさい.

1) Cette valise est à vous, madame ? —Oui, elle est à ....

2) Julie a confiance en Marc ; elle ne croit que ....

3) Ils sont en retard. On les attend encore ? —Non, commençons sans ....

4) Bernard n'est pas content. —Et Catherine ? —........ non plus.

5) Avez-vous fabriqué ....-même ces meubles ?

2. 強勢形人称代名詞を用いて,下線の部分を強調した文に書き改めなさい.

1) <u>Nous</u> apprenons le français et <u>ils</u> apprennent l'allemand.

2) <u>Tu</u> es travailleur mais <u>ton frère</u> est paresseux.

3. 下記の不定代名詞から適切なものを選んで空欄に書き入れなさい.
   〈tout, tous (または toutes), chacun(e), quelqu'un, quelque chose, n'importe qui, n'importe quoi, personne, rien, aucun(e)〉

1) Puisqu'il n'y a .... à manger, allons dîner au restaurant.

2) .... ses goûts.

3) Tu ne dois pas suivre .... dans la rue.

4) Nous avons commandé plusieurs sortes de pizzas. .... étaient délicieuses.

5) .... de ces cadeaux ne lui a plu.

6) Avez-vous .... d'autre à ajouter ?

7) Tu as compris ? —Oui, j'ai .... compris.

8) Y a-t-il .... à la maison ? —Non, il n'y a ....

9) Il ne réfléchit pas assez. Il dit souvent ....

4. 関係代名詞の qui または que [qu'] を空欄に書き入れなさい.

1) Daniel ne suit jamais les conseils .... on lui donne.

2) Il y a près d'ici un magasin .... est ouvert le dimanche.

3) La robe .... portait la vedette de cinéma était très élégante. (＊関係節中の倒置に注意)

4) Édith Piaf est une chanteuse .... est connue dans le monde entier.

5) Il a dépensé toute la fortune .... il avait héritée de son père.

Thème

1) 僕たちはカラオケ (karaoké) に行く.君も僕たちといっしょに来るかい?

2) 君はこの課の練習問題をやった? —うん,全部やったよ.

3) あなたは何か必要ですか (avoir besoin)? —いいえ,何も必要ではありません.

4) 彼にはイタリアに留学している (faire ses études) 妹がいる.

5) これは両親が私にプレゼントしてくれた指輪 (bague) です.

Leçon 16 代名動詞と受動態

この課では，動詞の形態や主語・目的語の意味関係が特殊なものを見ていく．**代名動詞**は動詞と目的語がいわば一体化したものであり，**受動態**は行為の対象を主語にした場合の動詞形態である．

§45 代名動詞 〔110〕

主語が指すものと同じものを指す代名詞を**再帰代名詞**（*pronom réfléchi*）という．フランス語の他動詞の大部分は目的語として再帰代名詞をとることができ，その場合の〈(目的語の)再帰代名詞＋動詞〉を**代名動詞**（*verbe pronominal*）と呼ぶ．英語でも *wash oneself*「自分の体を洗う」のような「再帰動詞」があるが，フランス語の代名動詞の種類や用法ははるかに多様で，日常的行為を表わす基本動詞のうちに代名動詞が数多くある．

[再帰代名詞の形]

再帰代名詞は主語と同じものを指す目的語代名詞だが，1・2人称については，主語と同一人物を指すための特別な形はなく，ふつうの目的語人称代名詞をそのまま使う．それが主語と同じ人称であれば，必然的に再帰代名詞になるからである．

一方，3人称の目的語人称代名詞はあらゆる「第三者」を指すことができる．それゆえ，再帰代名詞は se という特別の形を用いる．

具体例を挙げると，「自分の体を洗う」の主語が「私」であれば Je *me* lave. と言い，主語が「彼」であれば Il *se* lave. と言う（3人称の目的語人称代名詞を用いた Il *le* lave. はほかの人や物を洗うことを意味する）．

> ◆代名動詞を辞書で調べるには，再帰代名詞を除いたふつうの動詞（の不定詞）の項を見る．たとえば laver の項を引くと，他動詞としての語義や用例の後に，— se laver 代動 のように，代名動詞が動詞の準見出し語として載っている．

[代名動詞の活用] 〔111〕

● 単純時制

ふつうの目的語人称代名詞と同じく，肯定命令形以外では再帰代名詞を動詞の前に置く．肯定命令形では，再帰代名詞を動詞の後に置き，ハイフンで結ぶ．動詞の後では te の代わりに toi を用いる．

se laver の直説法現在形

je	(ne)	**me**	**lave**	(pas)	nous	(ne)	**nous**	**lavons**	(pas)
tu	(ne)	**te**	**laves**	(pas)	vous	(ne)	**vous**	**lavez**	(pas)
il	(ne)	**se**	**lave**	(pas)	ils	(ne)	**se**	**lavent**	(pas)
elle	(ne)	**se**	**lave**	(pas)	elles	(ne)	**se**	**lavent**	(pas)

肯定命令：lave-toi　　　　lavons-nous　　　　lavez-vous
否定命令：ne te lave pas　　ne nous lavons pas　　ne vous lavez pas

● 複合時制

代名動詞は助動詞として être をとる．再帰代名詞は助動詞の前に置く．se laver の過去分詞は主語の性数に応じて変化する（過去分詞の一致の詳細については次ページ）．

〔112〕 **se laver の複合過去形**

je	(ne)	**me**	**suis**	(pas)	**lavé(e)**	nous	(ne)	**nous**	**sommes**	(pas)	**lavé(e)s**
tu	(ne)	**t'**	**es**	(pas)	**lavé(e)**	vous	(ne)	**vous**	**êtes**	(pas)	**lavé(e)(s)**
il	(ne)	**s'**	**est**	(pas)	**lavé**	ils	(ne)	**se**	**sont**	(pas)	**lavés**
elle	(ne)	**s'**	**est**	(pas)	**lavée**	elles	(ne)	**se**	**sont**	(pas)	**lavées**

代名動詞における過去分詞の一致

　代名動詞は助動詞として être を用いるが，過去分詞の一致に関しては，助動詞 avoir の場合に準じる．すなわち先行する再帰代名詞が直接目的語のときに一致を行なう．ただし，この規則が適用されるのは下記の用法の (1) と (2) についてであり，(3) 〜 (5) については，原則的にすべて一致を行なう．

◆ 代名動詞の用法にこだわらず，「再帰代名詞が明らかに間接目的語の場合以外は，過去分詞を主語の性・数と一致させる」と覚えておけばよい．過去分詞を一致させないほうが例外的なので，その場合だけ《過去分詞一致なし》と辞書に記載されている．

[代名動詞の用法] [113]

(1) 再帰的用法

主語の行なう行為が主語自身に向けられる．多くの場合，代名動詞全体が自動詞的な働きをする．

Elle *s'est réveillée* tôt.　　　　　　　　　　　彼女は早く目を覚ました．

　（réveiller 〜 「〜を目覚めさせる」．再帰代名詞は直接目的語）

Je *me rappelle* parfois cet événement.　　　私は時おりその出来事を思い出す．

　（rappeler ... à 〜 「〜に…を思い出させる」．再帰代名詞は間接目的語）

◆ 自分の体の部分に対して行なう行為の場合は，体の部分を表わす名詞に定冠詞をつけ，「自分」は間接目的語の再帰代名詞で示す（したがって複合時制で過去分詞の一致はない）：Elle *s'est brossé les* dents. 彼女は歯を磨いた．

(2) 相互的用法 [114]

複数の人物が相互に行為を行なう．

Ils *s'aiment* passionnément.　　　　　　　　彼らは熱烈に愛しあっている．

　（aimer 〜 「〜を愛する」．再帰代名詞は直接目的語）

Nous *nous écrivons* depuis des années.　　私たちは数年前から手紙のやり取りをしている．

　（écrire à 〜 「…に手紙を書く」．再帰代名詞は間接目的語）

◆ 相互性を明らかにするために「互いに」を意味する l'un (...) l'autre（女性のみの場合は l'une (...) l'autre），mutuellement, réciproquement などを用いることがある．l'un(e) (...) l'autre の (...) には動詞が要求する前置詞が入る（s'écrire であれば écrire à 〜 の à）：Ils s'aiment *l'un l'autre*. Nous nous écrivons *l'un à l'autre*.

(3) 受動的用法 [115]

主語はものを表わす名詞で，「…される」といった受動的な意味になる．一時的に行われる行為ではなく，恒常的な事態やものの特性を記述する場合に用いる．

Le champagne *se boit* frais.　　　　　　　　シャンパンは冷やして飲む．

(4) 転化的用法 [116]

動詞と再帰代名詞の関係を論理的に分析するのが難しく，もとの動詞と意味がかなり異なる代名動詞．

Elle ne *s'est* pas *aperçue* du danger.　　　彼女は危険に気づかなかった．
（apercevoir 〜 「〜を見かける」/ s'apercevoir de 〜 「〜に気づく」）

Je ne *m'attendais* pas à ce résultat.　　　　私はこんな結果を予期していなかった．
（attendre 〜 「〜を待つ」/ s'attendre à 〜 「〜を予期する」）

(5) 本来の代名動詞 [117]

今では代名動詞としてしか用いられないものや，古い時代のなごりで自動詞が代名動詞となっているもの．

Ne *te moque* pas de ta petite sœur.　　　　妹をからかうんじゃない．（代名動詞：se moquer）

Elle *s'en est allée*.　　　　　　　　　　　　彼女は立ち去った．（代名動詞：s'en aller）

§46　能動態と受動態　⑪⑧

　態とは動詞の形態のひとつで，それによって，主語が行為の主体であるのか対象であるのかが示される．主語が行為の主体であることを表わす動詞形態を**能動態**（*voix active*）といい，主語が行為の対象であること表わす動詞形態を**受動態**（*voix passive*）という．文の種類を区別する場合は，能動態を用いた文を**能動文**，受動態を用いた文を**受動文**と呼ぶ．

受動文の作り方

　能動文から受動文を作る手順は次のとおりである．

(1) 能動文の直接目的語を主語にする (間接目的語を主語にして受動文を作ることはできない).

(2) 動詞を〈être＋過去分詞〉の形にする．être は適切な時制に活用させ，過去分詞は主語の性・数に一致させる.

(3) 能動態の主語に par あるいは de をつけて動詞の後に置く．この語句は**動作主補語**（*complément d'agent*）と呼ばれる．動作主補語を導く前置詞としては一般に par を用いるが，具体的な行為ではなく感情・認識などの内的行為や事物の状態などについては de を用いる.

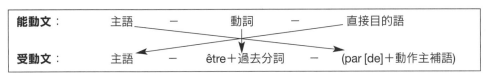

能動文：	主語	－	動詞	－	直接目的語
受動文：	主語	－	être＋過去分詞	－	(par [de]＋動作主補語)

Les photographes *poursuivent* les célébrités.	カメラマンは有名人を追い回す．
→ Les célébrités *sont poursuivies* par les photographes.	有名人はカメラマンに追い回される．
Monet *a peint* ce tableau.	モネがこの絵を描いた．
→ Ce tableau *a été peint* par Monet.	この絵はモネによって描かれた．
Les habitants *respectaient* le maire.	住民は市長を尊敬していた．
→ Le maire *était respecté* des habitants.	市長は住民に尊敬されていた．

🎧 ◆ 前置詞 de の後では，不定冠詞複数の des や部分冠詞の du, de la を省略する（/d/ の音の連続を避けるためにできた文法規則）：
　Des feuilles mortes couvrent le sol. 枯葉が地面を覆っている．
　→ Le sol est couvert *de* ~~des~~ feuilles mortes. 地面は枯葉に覆われている．

🎧 ◆ 動作主が不特定の人の場合は，動作主補語を省略する（情報としての重要性がないので）：
　On a transporté le blessé à l'hôpital. 負傷者を病院に運んだ．
　→ Le blessé a été transporté à l'hôpital (˟par on). 負傷者は病院に運ばれた．

Remarque　　　　　　　■ 受動態の類似表現 ■

　動作主補語のない〈être ＋ (他動詞の) 過去分詞〉の文は，行為を表わしていれば受動態だが，(行為の結果としての) 状態を表わしている場合は，過去分詞と同じ形をした形容詞 (=過去分詞が形容詞になったもの) を用いた〈être ＋ 属詞〉の構文と見なすのが妥当である．そうした文には動作主補語を補うことはできない．

　La porte du jardin public *est fermée* tous les soirs à cinq heures (par le gardien).
　　公園の門は毎晩5時に閉められる．〔受動態〕（「守衛によって」を補うことができる）
　La porte du jardin public *est* déjà *fermée* (˟par le gardien).
　　公園の門はもう閉まっている．〔être＋属詞〕（「守衛によって」を補うことができない）

　受動的用法の代名動詞 [§45] は，主語が表わすものの特性を述べるときに用いる．したがって，動作主補語をつけることはできない．

　Cette expression n'*est* plus *employée* par les jeunes gens. この表現はもう若者に使われていない．〔受動態〕
　Cette expression ne *s'emploie* plus. この表現はもう使われていない．〔代名動詞〕
　(˟Cette expression ne s'emploie plus *par les jeunes gens*. とは言えない)

Exercices

1. かっこ内の代名動詞を指示された時制の活用形にしなさい.

A. 現在
1) Nous (*se promener*) quelquefois dans le bois de Boulogne.
2) Comment est-ce que vous (*s'appeler*) ? — Je (*s'appeler*) Jean Martin.
3) À quoi (*s'intéresser*)-vous ?
4) Je (ne pas *se sentir*) bien, j'ai mal au cœur.
5) Ce médicament (*se prendre*) avant les repas.

B. 複合過去
1) Vous (*s'amuser*) à la soirée d'hier ? — Non, nous (*s'ennuyer*), au contraire.
2) La voiture (ne pas *s'arrêter*) au feu rouge.
3) Ils (*se serrer*) la main et ils (*se quitter*).
4) Elle (*se tromper*) d'heure et elle est arrivée en retard.

C. 半過去
1) Ils (ne plus *se comprendre*), ils (*se disputer*) souvent.
2) Nous (*s'occuper*) d'un problème important.

D. 単純未来
1) Je (*se souvenir*) longtemps de cette journée agréable.
2) Nous (*se revoir*) un jour ou l'autre.

E. 近接未来と近接過去
1) Attends un peu. Je (*s'habiller*). 〔近接未来〕
2) Le bébé (*s'endormir*). 〔近接過去〕

F. 命令
1) (*se calmer*), (ne pas *se mettre*) en colère. 〔tu に対する命令〕
2) (*se lever*) vite ! 〔tu に対する命令〕
3) (*se dépêcher*) : le dernier train va partir ! 〔nous に対する命令〕
4) Ne restez pas debout, (*s'asseoir*). 〔vous に対する命令〕（＊２つの活用形がある）

2. 次の能動文を受動文にしなさい.
1) Beaucoup de téléspectateurs regardent cette émission.
2) Un bon guide accompagnera les touristes.
3) Des peupliers bordent ce chemin.
4) On a annulé tous les vols à cause du mauvais temps.

Thème

1) 彼女は髪を洗って (se laver les cheveux) 髪をとかした (se coiffer).
2) フランス語はカナダとアフリカ (Afrique) でも話されている.（＊代名動詞を使う）
3) これらの写真はアマチュア (amateur) によって撮られた.（＊「アマチュア」は複数）
4) マリーは彼女の家族 (famille) みんなから愛されていた.
5) この古いビルはまもなく (bientôt) 取り壊される (démolir).

Leçon 17 さまざまな構文 - 1

§47 非人称構文 [119]

　主語人称代名詞の il が形式上の主語になる構文を**非人称構文**（*forme impersonnelle*）と呼び，そのような構文で用いられる動詞を**非人称動詞**（*verbe impersonnel*）と呼ぶ.

A. 本来的非人称構文
　もっぱら非人称構文で用いられるもの，および非人称用法が慣用化しているもの.

(1) 自然現象を表わす動詞：pleuvoir, neiger, *etc.*

Il pleut depuis ce matin.	けさから雨が降っている.
Il neige rarement dans cette région.	この地方ではめったに雪が降らない.

(2) 天候状態を表わす **faire**

Quel temps *fait-il* ?	どんな天気ですか？
Il fait beau. / *Il fait* mauvais.	天気がよい. / 天気が悪い.
Il fait chaud. / *Il fait* froid.	暑い. / 寒い.

(3) 時間，存在を表わす **être**

Il est huit heures.	8時だ.
Il était une fois une très belle princesse.	昔々，とても美しいお姫様がいました. 〔文語〕

(4) 存在，期間を表わす **y avoir** [120]

Dans ce pays, *il y a* plusieurs patrimoines mondiaux.	この国にはいくつもの世界遺産がある.
Il y a trois mois que je suis arrivé(e) ici.	私がここに着いて３か月になる.

(5) 必要を表わす **falloir**

Il vous *faut* du repos.	あなたには休息が必要だ.
Il faut bien réfléchir avant d'agir.	行動する前によく考えなければならない.

(6) 成句的表現

De quoi *s'agit-il* ?	どんなことですか？
Il vaut mieux attendre jusqu'à son retour.	彼(女)が戻るまで待ったほうがいい.

B. 転化的非人称構文 [121]
　本来は人称構文で用いる動詞を〈 Il + 動詞 + 意味上の主語 〉という構文で用いたもの.

(1) 存在・出現・到来・欠如などを意味する自動詞
　英語の there を用いた構文（*There exist(s) ...* など）に似ている. 意味上の主語が複数でも，動詞は常に３人称単数形.

Il existe encore des loups en Amérique du Nord.	北米にはまだオオカミが生息している.
Il vient beaucoup de touristes ici.	ここには大勢の観光客が来る.

(2) Il est + 形容詞 + de + 不定詞 / que + 節
　Il が形式上の主語，不定詞・節が意味上の主語. 英語の *It is ~ to [that] ...* とほぼ同じ.

Il est difficile *de* satisfaire tout le monde.	すべての人を満足させるのは難しい.
Il est évident *qu'*elle nous a trompé(e)s.	彼女が私たちをだましたのは明らかだ.

　🎧◆話し言葉では Il est の代わりに C'est を使うことが多い：
　　C'est difficile *de* satisfaire tout le monde.　すべての人を満足させるのは難しい.

§48　比較構文 [122]

　比較とは，人や物をある特性に関して比べることだが，何かと何かの程度を比べる場合と，比べた上で程度が一番大きなものを選び出す場合とがある．前者に用いる表現を**比較級**（*comparatif*），後者に用いる表現を**最上級**（*superlatif*）と呼ぶ．比較される特性が文中のどの品詞で示されているかによって，表現のしかたが異なる．以下で，品詞別に比較の表現を見てゆく．

(1) 形容詞・副詞の比較級

優等比較級
劣等比較級
同等比較級

... { plus / moins / aussi } { 形容詞 / 副詞 } (**que** + 比較の対象)　（＊que は母音の前で qu' になる）

Pierre est *plus* grand [*moins* grand / *aussi* grand] *que* Jean.
ピエールはジャンより背が高い［ジャンほど背が高くない / ジャンと同じくらい背が高い］．

Anne court *plus* vite [*moins* vite / *aussi* vite] *que* Nicole.
アンヌはニコルより速く走る［ニコルほど速く走らない / ニコルと同じくらい速く走る］．

　◆比較なしに形容詞・副詞を強調する語は très：Pierre est *très* grand.　　ピエールはとても背が高い．

(2) 優等比較級の特殊な形 [123]

| bon(ne) → **meilleur(e)** | bien → **mieux** |

Ce vin est *meilleur* que l'autre.　　このワインはもう一方のよりおいしい．
Mireille chante *mieux* que Brigitte.　　ミレイユはブリジットより歌がうまい．

　◆抽象的な事柄には petit と mauvais の比較級の moindre「より小さい」と pire「より悪い」を用いることがある．

(3) 動詞の比較表現 （程度を比較する）

動詞 + **plus** [**moins** / **autant**] + (**que** + 比較の対象)　（*この場合の plus は /plys/ と発音する）

Elle travaille *plus* [*moins* / *autant*] *que* sa sœur.
彼女は姉より勉強する［姉ほど勉強しない / 姉と同じくらい勉強する］．

　◆比較なしに動詞を強調する語は beaucoup：Elle travaille *beaucoup*.　　彼女はとてもよく勉強する．

(4) 名詞の比較表現 （数量を比較する）

... plus de [**moins de** / **autant de**] + **名詞** + (**que** + 比較の対象)　（*一般に plus /plys/ と発音する）

Il a *plus de* [*moins de* / *autant de*] CD *que* son frère.
彼は兄より多くのCDを持っている［兄ほどCDを持っていない / 兄と同じくらいCDを持っている］．

　◆比較なしに名詞を強調する場合は beaucoup de：Il a *beaucoup de* CD.　　彼は多くのCDを持っている．

(5) 最上級 [14]

優等最上級
劣等最上級

... 定冠詞 + { 優等比較級 / 劣等比較級 } + (**de** + 比較の範囲)

Pierre est *le plus grand de* la famille.　　ピエールは家族のなかで一番背が高い．
Le Pont-Neuf est le pont *le plus ancien de* Paris.　　ポン・ヌフはパリ最古の橋だ．
Quelle est *la meilleure* saison pour visiter ce pays ?　　その国を訪れるのに一番よい季節はいつだろうか？
Ce climatiseur consomme *le moins d*'électricité.　　このエアコンは電力消費が一番少ない．

　◆形容詞が名詞の後にあるときは，名詞の前と形容詞の前で2度定冠詞を用いる (上の2つ目の例文)．
　◆定冠詞は形容詞の最上級のときだけ性・数の変化をする．それ以外の場合は男性単数形の le．
　◆所有形容詞と指示形容詞は定冠詞の代わりをする：C'est *son* plus grand succès.　それは彼(女)の最大の成功だ．

Exercices

1. 適切な動詞を選び，指示された時制に活用して空欄に書き入れなさい．
   〈 s'agir / être / faire / falloir / neiger / pleuvoir / valoir / y avoir 〉

1) Au Japon, il .... souvent en juin. 〔現在〕

2) Il .... beaucoup dans les Alpes cet hiver. 〔現在〕

3) Il .... un temps superbe ce jour-là. 〔半過去〕

4) Il .... tard. Il ne .... personne dans la rue. 〔半過去―半過去〕

5) Il .... battre le fer pendant qu'il est chaud. 〔現在〕

6) Dans ce roman, il .... de l'amitié entre un vieil homme et un enfant. 〔現在〕

7) Il .... mieux garder le silence. 〔現在〕

2. 例にならって非人称構文に書き換えなさい．

   〔例〕 *Des loups* existent encore en Amérique du Nord.
   → *Il existe* encore des loups en Amérique du Nord.

1) *Quelque chose d'étrange* lui est arrivé.

2) Ce jour-là, *une pluie fine* tombait.

3) *Deux chaises* manquent pour la réunion.

4) *Un nouveau modèle d'ordinateur portable* apparaîtra bientôt.

3. かっこ内の語句を比較の対象として，指示された２種類の比較級の文を作りなさい．

1) Gérard est <u>âgé</u>. (Julien)	a) 優等比較級	b) 劣等比較級
2) Je vais <u>souvent</u> au théâtre. (au concert)	a) 優等比較級	b) 同等比較級
3) Cette année, la récolte sera <u>bonne</u>. (l'année dernière)	a) 優等比較級	b) 劣等比較級
4) John prononce <u>bien</u> le français. (Jack)	a) 優等比較級	b) 劣等比較級
5) Les retraités <u>voyagent</u>. (les jeunes)	a) 優等比較級	b) 同等比較級
6) Aujourd'hui, il y a <u>de la circulation</u>. (d'habitude)	a) 優等比較級	b) 劣等比較級

4. かっこ内の語句を比較の範囲として，優等と劣等の２種類の最上級の文を作りなさい．

1) Paulette est <u>travailleuse</u>. (la classe)

2) C'est un <u>bon</u> restaurant. (la ville)

3) C'est une bague <u>chère</u>. (cette boutique)

4) Il <u>s'entraîne.</u> (cette équipe)

Thème

1) その日は寒くて朝から雨が降っていた．

2) TGVでリヨンへ行くのにどれくらい時間がかかりますか (falloir)？

3) 郊外 (banlieue) で車なしで暮らすのはほとんど不可能 (presque impossible) だ．

4) 彼は私よりはるかに (beaucoup) 頭がいい．

5) この国でもっとも人気のある (populaire) スポーツは何ですか？

Leçon 18 さまざまな構文 - 2

§49 遊離構文 ⑫⑤

　文中の要素を文頭や文末に移して，文中にはその代わりに代名詞を置く構文を**遊離構文**（または転位構文）という．**文頭遊離構文**は，何について話すのかをはっきりさせるときに用い，**文末遊離構文**は，もっとも伝えたいことを先に述べるときに用いる．どちらも日常の話し言葉でよく使われる．

J'ai déjà lu *ce livre*.	私はもうその本を読んだ．
→ *Ce livre*, je l'ai déjà lu.	その本は，私はもう読んだ．〔文頭遊離構文〕
→ Je l'ai déjà lu, *ce livre*.	私はもう読んだ，その本は．〔文末遊離構文〕

§50 強調構文 ⑫⑥

　強調構文は，いくつかの選択肢から1つを選んで「他のものではなく～なのだ」と強調する場合に用いる．

(1) 主語の強調：　　| **C'est ～ qui ...** |

Paul a vu ce film avec Marie.	ポールはマリーとその映画を見た．
→ *C'est* Paul *qui* a vu ce film avec Marie.	その映画をマリーと見たのはポールだ．

(2) 主語以外の強調： | **C'est ～ que ...** |　（*que は母音の前で qu' になる）

Paul a vu ce film avec Marie.	
→ *C'est* ce film *que* Paul a vu avec Marie.	ポールがマリーと見たのはその映画だ．
→ *C'est* avec Marie *que* Paul a vu ce film.	ポールがその映画を見たのはマリーとだ．

　◆C'est は一般に現在形で用い，過去形や未来形に変化させる必要はない．

🎧◆C'est の後に置く人称代名詞は強勢形を用いる．qui に後続する動詞は強調された主語の人称に一致させる：
　　Je lui ai appris la nouvelle.　私は彼にそのニュースを知らせた．
　　→ C'est *moi* qui lui *ai appris* la nouvelle.　そのニュースを彼に知らせたのは私だ．
　　→ C'est *à lui* que j'ai appris la nouvelle.　私がそのニュースを知らせたのは彼にだ．

🎧◆強調される語句が直接目的語のときは過去分詞の一致がある：
　　C'est une écharpe que Marie a offert**e** à Paul.　マリーがポールに贈ったのはマフラーだ．

§51 感嘆文 ⑫⑦

　感情を強調して言い表わすときに次のような構文を用いる．これらは**感嘆文**（*phrase exclamative*）と呼ばれる．下記(1)の構文ではしばしば主語と動詞を省略する．quel は疑問形容詞[§27]と同形．

(1) 名詞の強調： | **Quel ＋（形容詞）＋ 名詞（＋ 主語 ＋ 動詞）！** |

Quelle chaleur !	なんという暑さだ．
Quel bel appartement vous avez !	とても立派なアパルトマンをお持ちですね．

(2) 文全体の強調： | **Que / Comme ＋ 主語 ＋ 動詞 ... ！** |　（*que は母音の前で qu' になる）

*Qu'*il est bête !	彼はなんてばかなんだろう．
Comme elle est bavarde !	彼女はなんておしゃべりなんだ．

　■ **強調構文と疑問代名詞** ■
　疑問代名詞 [§28] の強調形に用いる est-ce qui や est-ce que は強調構文から作られた（現在では強調のニュアンスはほとんどない）．強調する語句を疑問代名詞（人は qui，物・事は que）に変えて文頭に置き，c'est を倒置して est-ce としたのである．また，疑問詞のない疑問文に用いる Est-ce que ... ? は，文全体を強調する C'est que ... の構文に由来する．

----

§52 不定詞構文 ⑫

述語動詞の後に前置詞なしの不定詞がくる構文を**不定詞構文**と呼ぶ．不定詞構文をとる動詞は以下の (1) から (3) に大別できる．

> ◆ 活用した動詞と他の動詞形(=不定詞や分詞など)を区別する場合は，前者を**述語動詞**と呼ぶ．
>
> ◆ ここにあげる動詞以外にも，不定詞を用いる構文をとる動詞は数多くある．それぞれの動詞の構文については辞書に記載されているので，辞書を引いたら意味だけでなく必ず構文を確かめるとよい．

(1) 移動動詞

・自動詞：aller, venir, sortir, partir, revenir, retourner, rentrer, *etc.*

「…しに行く，来る」などの表現では，目的を示す不定詞に前置詞をつけない．行き先を示す語句を移動動詞と不定詞の間に入れることもある (下の3番目の例)．

Je *vais chercher* mes amis à l'aéroport.	私は空港に友人を迎えに行く．
Ils *viendront* nous *voir* demain.	彼らはあした私たちに会いに来るだろう．
Il *est retourné* au bureau *prendre* les documents.	彼は資料を取りにオフィスに戻った．

> ◆〈aller + 不定詞〉は「近接未来」と同じ形だが，近接未来は現在か半過去でしか使われないので，それ以外の時制であれば移動動詞である．時制が現在や半過去のときは，どちらの意味で使われているかを文脈で判断する．一般に，「…へ」という目的地が示されていれば「…しに行く」になる．なお，近接過去の〈venir de + 不定詞〉は移動動詞の〈venir + 不定詞〉と形が異なる．

・他動詞：envoyer, amener, emmener, *etc.*

「…しに行かせる」のような他動詞．上記の自動詞と同様に，目的を示す不定詞に前置詞をつけない．

Il *a envoyé* son fils *poster* la lettre.	彼は息子に手紙を出しに行かせた．
Elle *emmène* toujours sa fille *faire* les courses.	彼女は買い物をしにいつも娘を連れて行く．

(2) 知覚動詞：voir, regarder, entendre, écouter, sentir, *etc.*

「見る」，「聞く」，「感じる」などを意味する動詞で，感覚動詞ともいう．直接目的語が名詞で不定詞が自動詞の場合は，しばしば語順を逆にする．

J'*entends* le chat *miauler*. = J'*entends miauler* le chat.	猫が鳴いているのが聞こえる．
Je les *ai vus passer*.	彼らが通り過ぎるのが見えた．

(3) 使役動詞 ⑫

・強制使役：**faire**「…させる」．faire と不定詞のあいだに名詞を置かない．

Je *fais courir* le chien. (×Je *fais* le chien *courir*.)	私は犬を走らせる．
Faites-les *entrer* dans la maison.	彼らを家に入れなさい．
Elle *a fait écouter* cette musique à Béatrice.	彼女はその曲をベアトリスに聞かせた．
Je regrette de vous *avoir fait attendre*.	お待たせしてすみません．

> 🎧 ◆「〜に (… をさせる)」は，一般に à〜 で表わすが，動作主としての意味合いが強いときは par〜 を用いる：
> J'ai fait réparer ma voiture *par* le mécanicien.　私は修理工に車を修理させた．
> ◆ 上の最後の文では不定詞の複合形 (59ページ参照) が用いられている．

・許容使役：**laisser**「…させておく」．構文は，知覚動詞と同じでも faire と同じでもよい．

Je *laisse* le chien *courir*. = Je *laisse courir* le chien.	私は犬を走らせておく．
Il ne *laisse* pas son fils *prendre* sa voiture.	彼は息子に車を使わせない．
= Il ne *laisse* pas *prendre* sa voiture à son fils.	

> ◆ 代名動詞としても用いられる：〈se faire + 不定詞〉「自分を…させる」，〈se laisser + 不定詞〉「…されるままになる」．

Exercices

1. 下線の部分を文頭および文末に切り離して，２種類の遊離構文を作りなさい.

1) <u>Cet élève</u> est fort en mathématiques.

2) Je laisse <u>mes affaires</u> ici.

3) Vous mangez <u>du fromage</u> ?

2. 強調構文を用い，下線の部分を強調して答えなさい.

1) Qu'est-ce que tu cherches : ton agenda ou <u>ton portefeuille</u> ?

2) Quand est-ce qu'ils sont partis : <u>vendredi</u> ou samedi ?

3) Comment est-ce que vous êtes venus : en bus ou <u>en métro</u> ?

4) Qui est-ce qui a gagné au jeu : <u>toi</u>, lui ou elle ?

3. Quel(le), Que [Qu'], Comme を用いて，感嘆文を作りなさい. 3) と4) は２つの言い方ができる.

1) ...... surprise !

2) ...... beau temps !

3) ...... elle est chic, ce soir !

4) ...... il a changé !

4. かっこ内の語句を並べ替えて適切な文を作りなさい. イタリック体の動詞は指示された時制に活用させなさい.

A. 移動動詞

1) Nous (à la piscine / *aller* / nager). 〔現在形〕

2) Ils (dans les Alpes / faire du ski / *partir*). 〔複合過去形〕

3) Je (dans un restaurant chinois / dîner / *emmener* / mes amis). 〔複合過去形〕

B. 知覚動詞

1) Quelques passants (de vieilles chansons / *écouter* / jouer / un accordéoniste). 〔半過去形〕

2) Je (l'épaule / me / quelqu'un / *sentir* / toucher). 〔複合過去形〕

C. 使役動詞

1) Ses plaisanteries (*faire* / rire / tout le monde). 〔複合過去形〕

2) Louis XIV (construire / *faire* / le château de Versailles). 〔複合過去形〕

3) Ce jeune homme (emporter / par la colère / *se laisser*). 〔複合過去形〕

Thème

1) このテスト (épreuve) で一番良い点数 (note) をとったのは彼だ.

2) 時のたつ (passer) のはなんと早いことか！

3) 彼女はスーパー (supermarché) で買い物をしに出かけた.

4) 彼女は娘にピアノを習わせた.

5) 私をもう少し眠らせてくれ！きのう遅く寝ついたのだ (s'endormir).

Leçon **19** 現在分詞とジェロンディフ

§53 現在分詞 ⟨130⟩

現在分詞（*participe présent*）は動詞がとる形態のひとつで，動詞的機能（=目的語や状況補語を伴う）と形容詞的機能（=名詞や代名詞を修飾する）を兼ねる．

[形]

語幹は直説法現在複数1人称（nous）の語幹と同じで，語尾は -ant．したがって，直説法現在の nous の活用形の語尾の -ons を -ant に換えれば現在分詞になる．語尾の例外はないが，être, avoir, savoir は特殊な語幹をとる．

		chanter	finir	partir	prendre	faire
直説法現在 (nous)	~**ons**	chant*ons*	finiss*ons*	part*ons*	pren*ons*	fais*ons*
	↓					
現在分詞	~**ant**	chant*ant*	finiss*ant*	part*ant*	pren*ant*	fais*ant*

語幹が特殊なもの

être : ét*ant* / **avoir** : ay*ant* / **savoir** : sach*ant*

◆ 不定詞と同じく，現在分詞にも複合形がある．**複合形**は〈助動詞の現在分詞 + 過去分詞〉で，完了した事態を表わす（下記の2番目の用例を参照）．

[用法] ⟨131⟩

述語動詞と同様に目的語や状況補語を伴うことができ，形容詞のように名詞を修飾する（ただし，形容詞とは異なり，性・数の変化をしない）．この用法の現在分詞はやや文語的であり，日常語では関係節を用いることが多い．

Il y a beaucoup d'étudiants *apprenant* le français.
フランス語を学んでいる学生は大勢いる．

La secrétaire cherche désespérément le dossier *ayant disparu*.　〔複合形〕
秘書はなくなった書類を必死に探している．

◆ 上の2つの文は，関係節を用いてそれぞれ次のように言うことができる．
Il y a beaucoup d'étudiants *qui apprennent* le français.
La secrétaire cherche désespérément le dossier *qui a disparu*.

◆ 現在分詞を主語の同格として用いる「分詞構文」については§69で見る．

Remarque　　　　　　　■ **現在分詞と動詞的形容詞** ■

動詞的形容詞（*adjectif verbal*）とは現在分詞が完全に形容詞化したものであり，ふつうの形容詞と同じく，性・数の変化をする．現在分詞と動詞的形容詞には次のような違いがある．

	現在分詞	動詞的形容詞
性・数の変化をするか？	×	○
目的語や状況補語を伴うか？	○	×
主語の属詞になるか？	×	○
否定形になるか？	○	×

une fille *obéissant* à ses parents　親に従う娘〔現在分詞：目的語を伴っている〕
cf. une fille *obéissante*　従順な娘〔動詞的形容詞〕　Elle est *obéissante*.　彼女は従順だ〔動詞的形容詞〕
les gens ne *travaillant* pas　働かない人たち〔現在分詞：否定形で用いられている〕

---

§54 ジェロンディフ ⟨132⟩

前置詞の en と現在分詞を組み合わせた表現を**ジェロンディフ**（*gérondif*）という．ジェロンディフは述語動詞を修飾する副詞句である．

[形] en ＋現在分詞

		chanter	partir	faire	savoir
現在分詞	〜**ant**	chant*ant*	part*ant*	fais*ant*	sach*ant*
ジェロンディフ	**en 〜ant**	*en* chant*ant*	*en* part*ant*	*en* fais*ant*	*en* sach*ant*

[用法] ⟨133⟩

ジェロンディフと述語動詞の意味関係はおおむね次のように分けることができる．

A. 同時性

ある行為と同時になされる付帯的行為をジェロンディフで表わす．付帯的行為は，時間的状況を示したり，行為の様態を示すが，どちらにも解釈できる場合もある．

(1) 時間的状況

Frappez *en entrant*. 　　　　　　　　　　　　入るときにノックをしなさい．

(2) 様態

Nicolas est rentré *en pleurant*. 　　　　　　ニコラは泣きながら帰ってきた．

B. 因果関係

何らかの因果関係のあるふたつの事態を，述語動詞とジェロンディフで表わすことがある．どのような因果関係かは，いわゆる常識や話し手・聞き手間の共通認識によって推測される．ふたつの事態が両立していることを強調するとき（すなわち，ふたつの事態が対立・逆接の関係にあり，両立が尋常でないと思われる場合）は，ジェロンディフの前に強調の副詞の tout を置く．

(1) 手段・方法

Nous nous informons *en utilisant* Internet. 　　私たちはインターネットを利用して情報を集める．

(2) 原因・理由

J'ai pris froid *en marchant* sous la pluie. 　　私は雨の中を歩いて風邪をひいてしまった．

(3) 対立・逆接　（多くは副詞の tout とともに）

Il se taisait tout *en sachant* la vérité. 　　彼は真相を知っていながら黙っていた．

(4) 条件・仮定

En prenant cette route, on arrivera plus vite. 　　この道路を行けば，もっと早く着くだろう．

Remarque 　　　　　　■ 現在分詞とジェロンディフ ■ ⟨134⟩

現在分詞は直前にある名詞を修飾するので，その名詞が現在分詞の意味上の主語である．一方，ジェロンディフは述語動詞を修飾するので，文の主語がジェロンディフの意味上の主語になる．

J'ai aperçu Hélène *sortant* du magasin.〔現在分詞〕

私は店から出るエレーヌを見かけた．

J'ai aperçu Hélène *en sortant* du magasin.〔ジェロンディフ〕

私は店から出るときにエレーヌを見かけた．

Exercices

1. 下線の〈qui＋動詞活用形〉を現在分詞に書き換えなさい (複合形を用いる場合もある).

1) Des gens qui cherchaient un emploi faisaient la queue.

2) J'ai réservé une chambre d'hôtel qui donne sur une cour tranquille.

3) La statue qui se trouve sur la place représente Victor Hugo.

4) Elle s'est fait voler son sac qui contenait son passeport.

5) Ils suivaient le chemin qui menait au col.

6) Quel est le nombre des personnes qui ont changé de profession pendant l'année dernière ?

7) Les invités qui ne sont pas arrivés à l'heure s'excusent auprès des hôtes.

2. かっこ内の動詞をジェロンディフにしなさい.

1) J'ai remarqué son absence (entrer) dans la salle.

2) Cette porte grince (s'ouvrir).

3) On perd la mémoire (vieillir).

4) Ils ne se sont pas regardés (se croiser).

5) Il chantonne (prendre) une douche.

6) Il peut être dangereux d'utiliser son portable (marcher).

7) Thomas aime lire des mangas (manger) des friandises.

8) Il s'est éloigné (se retourner) plusieurs fois.

3. かっこ内の動詞をジェロンディフにしなさい. 次に, その文でジェロンディフが表わしている意味として
もっともふさわしいと思われるものを次の4つから選んで記号を書き入れなさい.
a. 手段・方法, b. 原因・理由, c. 対立・逆説, d. 条件・仮定

1) La vieille dame s'est cassé la jambe (glisser) sur le trottoir. [　]

2) Il gagne sa vie (vendre) des souvenirs aux touristes. [　]

3) (Faire) régulièrement de la gymnastique, vous serez plus en forme. [　]

4) Tout (se plaindre), il ne quitte pas son emploi. [　]

5) Il n'avait plus de voix (crier) trop fort. [　]

6) On n'aura pas de coup de soleil (mettre) de l'huile solaire. [　]

7) J'ai du mal à me lever tout (dormir) longtemps. [　]

8) C'est (forger) qu'on devient forgeron. [　]

Thème

(＊現在分詞またはジェロンディフを使う)

1) 私は彼の住所変更 (changement d'adresse) を知らせる (annoncer) 手紙を受け取った.

2) 外出するときにドアに鍵をかける (fermer à clé) のを忘れないように. （＊tu に対する命令文）

3) 彼女は微笑みながら (sourire) 私たちに挨拶をした (saluer).

4) 私はテレビを見てそのニュースを知った (apprendre).

5) 彼は働きすぎて病気になった (tomber).

Leçon 20 代名詞 – 3

代名詞については，人称代名詞および中性代名詞の en を第14課で学んだ．この課では**中性代名詞**の他の種類や用法を見てゆく．

§55 中性代名詞 y, en (2) [135]

性・数の変化をしない中性代名詞には，§39で見た en のほかに y と le [§56] がある．y と en は前置詞のついた語句の代わりをし，下記のような基準にしたがって，人称代名詞や所有形容詞と使い分けられる．なお，中性代名詞の位置は，目的語人称代名詞と同じく，肯定命令文以外は活用動詞の前になる．

前置詞 à, de のついた語句の代理をする表現の一覧

（＊番号は解説の番号に対応している）

	à のついた語句	de のついた語句
「人」を表わす	(1) lui, leur / à ＋ 強勢形	(3) de ＋ 強勢形　　(5) 所有形容詞
「物・事」を表わす	(2) y	(4) en　　　　　(6) en
「場所」を表わす	(7) y（à 以外の前置詞も可能）	(8) en

A. 動詞（動詞句および〈être ＋ 形容詞〉を含む）に関係する語句

(1) à ＋ 人 → 間接目的語人称代名詞 / à ＋ 強勢形人称代名詞

Il répond *au professeur*.　　　　→ Il *lui* répond.　　　　彼は先生に返事をする．

Je pense *à mon père*.　　　　　→ Je pense *à lui*.　　　　私は父のことを考えている．

> 🎧◆〈à ＋ 強勢形人称代名詞〉を用いるのは，penser à「…のことを考える」，tenir à「…に愛着をもっている」など少数の動詞と，すべての代名動詞：Je m'adresse *à lui*.　私は彼に問い合わせる．
> （＊直接目的語が le, la, les 以外なので，×Je me *lui* adresse. にはならない．§41 (1) を参照）

(2) à ＋ 物・事 → y

Il répond *à cette lettre*.　　　　→ Il *y* répond.　　　　彼はその手紙に返事をする．

Je pense *à mon avenir*.　　　　→ J'*y* pense.　　　　　私は将来のことを考えている．

Il a renoncé *à partir*.　　　　　→ Il *y* a renoncé.　　　彼は出発することを断念した．

(3) de ＋ 人 → de ＋ 強勢形人称代名詞

Il parle *de sa fiancée*.　　　　　→ Il parle *d'elle*.　　　　彼はフィアンセについて話をする．

J'ai besoin *de mon assistant*.　　→ J'ai besoin *de lui*.　　私は助手を必要としている．

(4) de ＋ 物・事 → en

Il parle *de son mariage*.　　　　→ Il *en* parle.　　　　　彼は結婚について話をする．

Tu as besoin *de te reposer*.　　　→ Tu *en* as besoin.　　君は休息する必要がある．

Ils sont contents *d'être ici*.　　　→ Ils *en* sont contents.　彼らはここにいて満足している．

B. 名詞に関係する語句 [136]

(5) de ＋ 人 → 所有形容詞

Je connais le nom *de cet homme*.　→ Je connais *son* nom.　私はその男の名前を知っている．

(6) de ＋ 物・事 → en

Je connais le nom *de cette rue*.　　→ J'*en* connais le nom.　私はその通りの名前を知っている．

C. 場所の状況補語 [137]

(7) à + 場所 → y 「そこへ，そこに，そこで」 （*à以外の前置詞も可能）

Je vais *à Strasbourg*.   → J'*y* vais.   私はストラスブールへ行く．

Ils habitent *en Alsace*.   → Ils *y* habitent.   彼らはアルザスに住んでいる．

(8) de + 場所 → en 「そこから」

Il est revenu *des États-Unis*.   → Il *en* est revenu.   彼はアメリカ(合衆国)から戻ってきた．

語順について： [138]

y と en は目的語人称代名詞 (再帰代名詞を含む) の後に置く．

Je ne *m'y* attendais pas.   私はそのことを予期していなかった．

Vous *lui en* avez parlé ?   あなたはそれについて彼(女)に話しましたか？

命令法の２人称単数形末尾のsの復活：

tu に対する命令で末尾の s を書かない動詞 [§30] の直後に y や en がくるときは，母音の連続を避けるために，s を復活させてリエゾンをする．

Pense**s**-y.   そのことを考えなさい．   (*cf.* N'y pense pas.)

Parle**s**-en.   それについて話しなさい．   (*cf.* N'en parle pas.)

Va**s**-y.   そこへ行きなさい．   (*cf.* N'y va pas.)

§56 　中性代名詞 le [139]

le (母音の前では l') は直接目的語人称代名詞の男性単数と同じ形だが，性・数の変化をしない中性代名詞としても用いられる．

(1) 直接目的語の不定詞および節に代わる．

不定詞や節には名詞のような性・数がないので，目的語人称代名詞の男性単数形(＝原形)を用いる．

Venez quand vous *le* voulez.   あなたの好きなときに来なさい．

(= ... quand vous voulez *venir*.)

Sa mère est malade, mais il ne *le* sait pas.   母が病気なのだが，彼はそれを知らない．

(= ... il ne sait pas *que sa mère est malade*.)

     ◆ この用法の le は，日常語では省略されることが多い．

(2) 属詞の形容詞および無冠詞名詞に代わる．

形容詞や無冠詞名詞は，名詞のような固有の性を備えていないので，中性代名詞の le を用いて置き換える．主語が女性や複数であっても le は変化しない．

Il est gentil, mais elle, elle ne *l'*est pas.   彼は親切だが，彼女のほうはそうではない．

(= ... elle n'est pas *gentille*.)

Remarque   ■ 名詞以外の語句の代理をする代名詞 ■   [140]

代名詞は原則として，目的語が名詞のときの構文 (= 基本構文) にもとづいて使い分ける．したがって，目的語が不定詞や節の場合には，基本構文を確かめて適切な代名詞を用いなければならない．

Il m'a promis *de m'aider*. 彼は私を援助すると約束した．→ Il me *l'*a promis. (×Il m'*en* a promis.)

〔この場合の de は「不定詞の標識」で，名詞にはつかない． *cf.* Il m'a promis *son aide*.〕

Il est sûr *qu'elle viendra*. 彼が彼女が来ると確信している．→ Il *en* est sûr. (×Il *l'*est sûr.)

〔de は接続詞 que の前で省略されて être sûr(e) que... になる． *cf.* Il est sûr *de sa venue*.〕

Exercices

1. イタリック体の部分を適切な代名詞に変えて，全文を書き改めなさい．

1) Le bébé ressemble *à son père*.
2) Ce bâtiment ressemble *au centre Pompidou*.
3) Il tient beaucoup *à sa collection de timbres*.
4) Il tient beaucoup *à ses amis*.
5) Ils croient *à la victoire*.
6) Ne touchez pas *aux tableaux*.
7) Ce travail convient *à Serge*.
8) Cet endroit convient *au camping*.
9) Ils s'opposent *à leur supérieur*.
10) Ils s'opposent *à notre projet*.

2. イタリック体の部分を適切な代名詞に変えて，全文を書き改めなさい．

1) Tu as peur *de la foudre* ?
2) Tu as peur *de ton professeur* ?
3) Ils sont contents *de ce résultat*.
4) Ils sont contents *de leur fille*.
5) Parlez-moi *de votre enfance*.
6) Parlez-moi *de vos parents*.
7) Elle s'occupe bien *de son petit frère*.
8) Ne vous occupez pas *de ce problème*.

3. イタリック体の部分を適切な代名詞に変えて，全文を書き改めなさい．

1) Je viens *du Japon*.
2) Elle n'est peut-être pas *chez elle*.
3) Reste *dans ta chambre* !
4) Les voyageurs sont descendus *du train*.
5) Il emmènera *les enfants au zoo*.
6) Je retire dix mille yens *de mon compte*.

4. 適切な代名詞を空欄に書き入れなさい．

1) Le DVD de ce film vient de sortir ; je .... ai envie.
2) Vous lisez cette revue ? —Bien sûr, je .... suis abonné(e).
3) Ils fréquentent ce club de tennis ; ils .... font partie.
4) C'est une occasion idéale ! On doit .... profiter.
5) La photocopieuse est en panne ; on ne peut pas se .... servir.
6) La porte d'entrée n'est pas encore ouverte ; elle ne .... sera qu'à 9 heures.
7) Voilà notre proposition. Réfléchissez-........ bien.
8) J'ai regardé une émission intéressante, mais je .... ai oublié le titre.
9) La situation n'est pas aussi mauvaise qu'elle .... semble.
10) Je t'ai rendu ce livre il y a quelque temps ; je .... suis sûr(e).

Thème

1) あなたは絵画 (peinture) に興味がありますか？ — はい，とても興味があります．
2) 彼はこの界隈 (quartier) に30年前から住んでいて，そのすべての通りを知っている．
3) 彼らは数年前にプロヴァンスに住み着き (s'installer)，そこで平穏に (tranquillement) 暮らしている．
4) ミシェルはもう病院にいない．彼はきのう退院した (sortir)．
5) フランソワーズは小さいときは内気 (timide) だったが，今はもうまったくそうではない．

Leçon 21　代名詞 – 4

指示形容詞と所有形容詞に対応する**指示代名詞**と**所有代名詞**，及び，**疑問代名詞**の複合形を学ぶ.

§57　指示代名詞　[141]

指示代名詞 (*pronom démonstratif*) には，性・数の変化をしないものと変化をするものの2種類がある.

A. 性・数の変化をしないもの

ce　（母音の前では c'）

(1)　être の主語として，その場にあるものや話題になっているもの，事柄・状況を指す.

*C'*est le père de Charlotte.	あれはシャルロットのお父さんだ.
*C'*est impossible.	そんなことはありえない.
*C'*était un matin d'automne.	ある秋の朝だった.

(2)　関係代名詞の先行詞として，物・事を表わす (ce qui, ce que は英語の関係代名詞の *what* に相当する). ce qui は先行する文の内容を受けることもできる.

Elle aime *ce* qui est à la mode.	彼女は流行のものが好きだ.
Répétez *ce* que je viens de dire.	私が今言ったことを繰り返しなさい.
Il n'a pas été invité, *ce* qui l'a vexé.	彼は招待されず，そのことで気を悪くした.

ça　[142]

être の主語以外の場合には ça を用いる. ça の意味は ce (1) と同じ.

Ça va ?　—Oui, *ça* va bien.	元気？ 一うん，元気だ.
Ça ne fait rien.	かまいませんよ.
C'est *ça*.	そのとおりだ.
Faites comme *ça*.	こんなふうにしなさい.
Ça, c'est intéressant !	それはおもしろい.

ceci /cela

ceci と cela は，ce に，近い場所を示す ci（=副詞 ici の短縮）と離れた場所を示す la（=副詞 là のアクサンがとれた形）がついたものである.

(1)　2つのものを対立させて，近いほうに ceci，遠いほうに cela を用いる.

Je préfère *ceci* à *cela*.	あれよりこれのほうがいい.

(2)　遠近の区別をしないときは，一般に cela を用いる (voici / voilà の区別なくvoilà を用いるのと同様). ただし，cela は改まった言い方であり，日常語では ça を使うのがふつう.

C'est *cela*.（*cf.* C'est *ça*.）	そのとおりです.
Faites comme *cela*.（*cf.* Faites comme *ça*.）	このようにしなさい.

Remarque　　■ **指示代名詞と人称代名詞** ■　[143]

性・数の変化をしない指示代名詞は指し示す対象が「漠然としたもの」（＝身元のわからないものや総称的にとらえたもの，事柄など）の場合に用い，指示対象が明確な個物であれば一般に人称代名詞を用いる.

*C'*est le père de Charlotte. *Il* est médecin.　あれはシャルロットのお父さんだ. 彼は医者だ.

*C'*est bon, les gâteaux !　おいしいね，ケーキは. / *Il* est bon, ce gâteau !　おいしいね，このケーキは.

La lecture, j'adore *ça*.　読書は大好きだ. / Ce roman, je l'*adore*.　この小説は大好きだ.

B. 性・数の変化をするもの 〔144〕

〈ce ＋ 強勢形人称代名詞〉に由来し，指示代名詞の**複合形**と呼ばれる．

男性単数	女性単数	男性複数	女性複数
celui	**celle**	**ceux**	**celles**

[用法] 〔145〕
(1) 名詞の代理をする場合 （人・物の区別なし）

人・物の区別なしに，一度出てきた名詞の代理をする．ただし，単独で用いられることはなく，遠近を区別する -ci, -là，前置詞つきの補語（前置詞は一般に de），関係節などを伴う．ほぼ英語の *this one, that one, the one(s)* (＋ 修飾語) などの用法に相当する．

(a) -ci, -là を伴って

Voilà deux magazines. Tu veux lire *celui-ci* ou *celui-là* ?　雑誌が2冊ある．あなたが読みたいのはこれ，
(*celui-ci* = ce magazine-ci, *celui-là* = ce magazine-là)　それともそれ？

Claire avait rendez-vous avec Isabelle. *Celle-ci* est arrivée en retard.　クレールはイザベルと会う約束をしていた．後者（＝イザベル）は遅れて着いた．
（*Celle-ci* = Isabelle．Elle を用いると先行する文の主語の Claire を指す）

(b) 前置詞つきの補語を伴って

Ce n'est pas ma voiture, c'est *celle* de mon père.　これは私の車ではなくて，父のだ．
(*celle* = la voiture)

(c) 関係節を伴って

Ce plat n'est pas *celui* que j'ai commandé.　この料理は私が注文したものではありません．
(*celui* = le plat)

◆指示代名詞複合形は，名詞の性・数に合わせて変化するので，指すものの名前（＝名前を表わす名詞）をはっきり意識しているときにしか用いない．そうでない場合は，変化をしない指示代名詞の ce, ça, ceci, cela などを用いる．

◆指示代名詞の修飾語として形容詞を用いることはできない（英語の one の用法とは異なる）．下記の例のように〈定冠詞 ＋ 形容詞〉を用いる．この場合の形容詞は代名詞の機能を果たしている：
le pull jaune et *le vert* (×le pull jaune et celui *vert*)　黄色のセーターと緑色の（もの）

(2) 名詞の代理をしない場合 （人を表わす） 〔146〕

名詞の代理をしない場合は人を表わす．この場合も補語や関係節を伴う．「人たち」の意味で男性複数形の ceux を使うことが多いが (英語の *those who ...* に相当)，女性を指すのであれば celle, celles を使い，一人の男性を指す場合は celui を使う．なお，物・事については前出の ce を用いる．

Ceux qui ont fini les exercices peuvent sortir de la classe.　練習問題を終えた人は教室から出てもいいです．

Elle n'aime que *celui* qui l'aime.　彼女は自分を愛してくれる男しか愛さない．

◆文語や諺・慣用句などでは，qui が単独で「…の人」(＝celui qui) の意味で用いられる：
Qui ne risque rien n'a rien. 〔諺〕虎穴に入らずんば虎児を得ず（←何も危険を冒さない者は何も得ない）

§58　所有代名詞 ⒁⒁⒁ [147]

　　所有代名詞（*pronom possessif*）は，〈所有者＋所有されるもの〉をまるごと代理する代名詞である．所有者の人称・数と所有されるもの（＝代理される名詞）の性・数によって，次のように変化する．ふつう定冠詞をつけて用い，人も物も指すことができる．

所有者＼所有されるもの		単数		複数	
		男性	女性	男性	女性
単数	1人称	**le mien**	**la mienne**	**les miens**	**les miennes**
	2人称	**le tien**	**la tienne**	**les tiens**	**les tiennes**
	3人称	**le sien**	**la sienne**	**les siens**	**les siennes**
複数	1人称	**le nôtre**	**la nôtre**	**les nôtres**	
	2人称	**le vôtre**	**la vôtre**	**les vôtres**	
	3人称	**le leur**	**la leur**	**les leurs**	

Voilà mon adresse. Donne-moi *la tienne*.　　　これが僕のアドレスだ．君のを教えて．
(*la tienne* = ton adresse)
À votre santé ! ―À *la vôtre* !　　　　　　あなたの健康に．―あなたの健康に．（乾杯のときの表現）
(*la vôtre* = votre santé) !

§59　疑問代名詞 (2) [148]

　　疑問代名詞には，§28で学んだ qui, que などのほかに，**複合形**と呼ばれるものがある．複合形は〈定冠詞 + 疑問形容詞〉に由来し，次に示すような性・数の変化をする．

男性単数	女性単数	男性複数	女性複数
lequel	**laquelle**	**lesquels**	**lesquelles**

複合形の定冠詞の部分は前置詞の à, de と縮約される [§12]：

à + *le*quel → *au*quel,　　à + *les*quels → *aux*quels,　　à + *les*quelles → *aux*quelles

de + *le*quel → *du*quel,　　de + *les*quels → *des*quels,　　de + *les*quelles → *des*quelles

　　◆ à laquelle, de laquelle は変わらない．

[用法] [149]

　　英語の疑問代名詞の *which* と同じように，人・物の区別なく，いくつかの候補のうちから「どれ，どちら」と問うときに用いる．主語・目的語・状況補語など，名詞と同じ役割をすることができる．性は代理する名詞の性に一致し，数は意味に応じて決まる．

Lequel de ces trois livres est le plus facile à lire ?　　これらの3冊の本のどれが一番読みやすいですか？
(*Lequel* = Quel livre)

Parmi ces actrices, *laquelle* aimes-tu le mieux ?　　これらの女優のなかで，君は誰が一番好き？
(*laquelle* = quelle actrice)

Voilà deux vendeurs. *Auquel* parlons-nous ?　　店員が2人いる．どちらに話しかけようか？
(*Auquel* = À quel vendeur)

Desquels de ces outils vous servez-vous ?　　あなたはこれらの道具のどれとどれを使っていますか？
(*Desquels* = De quels outils)

Exercices

1. ce [c'] または ça を空欄に書き入れなさい.

1) Nous sommes en hiver, mais bientôt ...... sera le printemps.

2) Quel désordre ! Rangez tout ...... , les enfants !

3) Qu'est-ce que ...... veut dire ?

4) Comment s'est passé votre voyage en Grèce ? — ...... était magnifique !

5) Tu vas bien ? — Comme ci comme ....

2. 適切な指示代名詞を空欄に書き入れなさい.

1) Ces chaussettes-ci sont en coton ; ....-là sont en laine.

2) Prenez cette place-là ; je prends .... d'à côté.

3) Le train de 8 heures est un omnibus et .... de 8 h 10 est un express.

4) J'aime les poèmes de Verlaine ; j'aime aussi ...... de Prévert.

3. 適切な指示代名詞と関係代名詞を空欄に書き入れなさい.

1) La carte du restaurant propose deux menus ; prends .... tu préfères.

2) Je mets les chaussures marron : ce sont .... vont le mieux avec cette robe.

3) Elle est capricieuse, elle ne fait que .... lui plaît.

4) La police a interrogé tous .... avaient été témoins du drame.

5) .... est difficile, c'est de persuader le directeur.

4. イタリック体の語句を所有代名詞にしなさい.

1) La fille de la voisine joue du piano, *ma fille* joue du violon.

2) Mes parents sont moins compréhensifs que *leurs parents*.

3) Mon opinion est différente de *votre opinion*.

4) Chacun a ses qualités. Tu as *tes qualités* et ton frère a *ses qualités*.

5. 適切な疑問代名詞を (必要な場合は前置詞と縮約して) 空欄に書き入れなさい.

1) Luc veut apprendre une nouvelle langue. — .... ?

2) Parmi ces équipes, ... se qualifieront pour la finale ?

3) À .... de ces guichets dois-je m'adresser ?

Thème

1) これはアパルトマンの鍵だ. 車のはどこにあるのか？

2) 私があなたに言ったことを覚えていますか (se souvenir)？

3) 僕はペンを持っていない. 君のを貸してくれ.

4) これらの資料 (document) のうち, あなたはどれが必要ですか？

5) パリには数多くの (nombreux) 美術館がある. あなたはすでにどれを見学しましたか？

Leçon 22　代名詞 – 5

§60　関係代名詞 (2), 関係副詞　[150]

　関係節の主語や直接目的語・属詞となる関係代名詞 qui, que については §44で学んだ. 主語・直接目的語・属詞以外の場合, すなわち前置詞のついた語句のときは, 先行詞が人か物かなどの違いによって使い分ける. ほかに, フランス語独特の関係代名詞 dont がある. dont は, 中性代名詞の en と同じく, 前置詞 de を含んでいるので, dont と en の用法には共通したところがある. また, 時や場所を表わす状況補語として**関係副詞** (*adverbe relatif*) の où が用いられる.

関係代名詞・関係副詞一覧
(＊番号は下記用例の番号に対応している. 用例中の関係節に下線を引いてある)

先行詞	主語	直目・属詞	関係節での形態・機能		
			前置詞つきの語句	(de～)	場所・時の状況補語
人	qui	que [qu']	(1) 前置詞 + **qui / lequel...**	(4) **dont**	(5) **où**
物・事			(2) 前置詞 + **lequel...**		
ce など			(3) 前置詞 + **quoi**		

　◆ 関係代名詞の lequel... は §59 の疑問代名詞と同じ形. 疑問代名詞としての〈前置詞 + qui / quoi〉は §28で学んだ.
　◆ dont の後では必ずリエゾンをする.

(1)　先行詞が人の場合：前置詞 + **qui** = 前置詞 + **lequel**, *etc.*
　Le jeune homme *avec qui* elle va se marier est architecte.　　　　彼女が結婚しようとしている青年は建築家だ.
　= Le jeune homme *avec lequel* elle va se marier est architecte.

(2)　先行詞が物・事の場合：前置詞 + **lequel**, *etc.*
　Je ne comprends pas la raison *pour laquelle* il agit ainsi.　　　　彼があのような行動をする理由がわからない.
　Les questions *auxquelles* tu dois répondre sont très difficiles.　　　　君が答えなければならない質問はとても難しい.

(3)　先行詞が ce, quelque chose, rien などの場合：前置詞 + **quoi**
　Indiquez-moi ce *à quoi* je dois faire attention.　　　　私が注意すべきことを教えてください.

　　◆ c'est, voici, voilà の後では ce を省略することが多い：
　　C'est bien (ce) *à quoi* je pense.　それはまさに私の考えていることです.

Remarque　　　　　■〈前置詞 + quoi〉の成句 ■　[151]
●〈de quoi + 不定詞〉は「…するに必要なもの」または「…する原因・理由」を意味する成句.
　Donnez-moi *de quoi* écrire.　何か書くものをください.
　Il n'avait pas *de quoi* payer ses frais d'études.　　彼は学費を払うだけのものを持っていなかった.
　Il n'y a pas *de quoi* rire.　笑うことはない.
●sans quoi「そうでなければ」, après quoi「そのあとで」など, 等位接続詞の働きをする成句がある. こうした場合の quoi は先行文の内容を受けている.
　Dépêchons-nous, *sans quoi* nous serons en retard.　急ごう, そうしないと遅刻する.

---

(4) 前置詞 de を含む関係代名詞 **dont** (先行詞は人でも物・事でもよい) [152]

J'ai un ami *dont* le père est avocat. 私には父親が弁護士をしている友人がいる.

(*dont* ← le père *de cet ami*)

Voilà le livre *dont* je t'ai parlé hier. ほら，これがきのう話した本だよ.

(*dont* ← je t'ai parlé *de ce livre*)

L'erreur *dont* il est responsable n'est pas si grave. 責任は彼にあるが，その過失はそれほど重大ではない.

(*dont* ← il est responsable *de cette erreur*)

◆ 名詞を修飾する場合は英語の *whose* の用法に似ているが，*whose* と違って dont に後続する名詞には冠詞がつくことに注意.

🎧 ◆ de が前置詞句の一部を成しているとき (たとえば à côté de, en face de, autour de など) は dont を使うことができない：

Il habite dans un immeuble *en face duquel* un parking est en construction.

(*Il habite dans un immeuble *en face dont* un parking est en construction.)

彼はその向かいで駐車場が建設中のビルに住んでいる.

(5) 場所・時の状況補語となる関係副詞 **où** [153]

疑問副詞の où [§29] は場所を表わしたが，関係副詞の où は場所も時も表わす. d'où, par où, jusqu'où など，前置詞をつけて用いることもある.

Je connais un restaurant *où* on mange bien. 私はおいしく食べられるレストランを知っている.

Voilà le lycée *d'où* je suis sorti(e). これが私が卒業した高校だ.

Il est arrivé juste au moment *où* nous nous en allions. 私たちが立ち去ろうとしていたちょうどその時に彼が着いた.

Je n'ai pas oublié le jour *où* cet accident a eu lieu. 私はその事故が起きた日を忘れていない.

◆ là où ... 「…の場所に」は，là を省略して用いることもある：
Allons (là) *où* tu veux. 君の好きな所へ行こう.

Remarque ■「その中」を表わすdont ■ [154]

dont が「その中の，その中に」を意味することがある. この用法ではしばしば関係節の動詞が省略される.

Ils ont trois filles *dont* deux sont mariées. 彼らには娘が3人いて，そのうち2人は結婚している.

Huit pays, *dont* la France, ont participé au congrès. フランスを含む8か国が会議に参加した.

Exercices

1. 適切な関係代名詞を（必要な場合は前置詞と縮約して）空欄に書き入れなさい.

1) C'est un lac tranquille *autour de* .... il y a de hautes montagnes.

2) Je vous présente M. et Mme Bonnard, *chez* .... nous avons séjourné à Cannes.

3) Le projet *à* .... je participe va bientôt atteindre son but.

4) N'oubliez pas la carte magnétique, *sans* .... on ne peut pas entrer dans la salle.

5) Il m'est arrivé quelque chose *à* .... je n'avais jamais pensé.

6) Reposons-nous un peu, *après* .... nous recommencerons.

2. 次の1)～4) に (a)～(d) の関係節を結びつけて, 適切な文にしなさい.

1) J'ai lu un roman ...

2) Ils ont trouvé un appartement ...

3) Quel est le cadeau ...

4) C'est une chanson anglaise ...

(a) dont ils sont très contents.

(b) dont je ne comprends pas toutes les paroles.

(c) dont la fin était très triste.

(d) dont tu as envie pour ton anniversaire ?

3. 次の1)～4) に (a)～(d) の関係節を結びつけて, 適切な文にしなさい.

1) Je vais visiter le village ...

2) Mon oncle a une villa ...

3) Nous sommes arrivé(e)s à Nice un jour ...

4) Ma voiture est tombée en panne au moment ...

(a) d'où on a une vue superbe sur la mer.

(b) où il a commencé à pleuvoir.

(c) où il faisait un temps splendide.

(d) où mon père a passé son enfance.

4. qui, que [qu'], dont のいずれかを空欄に書き入れなさい.

1) Voilà un dictionnaire .... je me sers en permanence et .... je conseille à mes amis.

2) On a restauré cette église .... date du XVe siècle et .... la façade était très abîmée.

3) Tu peux copier les documents .... tu as besoin et .... sont conservés dans mon ordinateur.

4) C'est une information .... il m'a donnée et .... je suis absolument sûr(e).

Thème

1) 彼女はとても大切にしていた (tenir) スカーフ (foulard) をなくしてしまった.

2) 私は隣に (à côté de) 古い教会のある学校に通っていた (fréquenter).

3) これは母が私に作り方 (recette) を教えてくれた (donner) ケーキです.

4) あそこに彼女がとても怖がっている大きな (gros) 犬がいる.

5) 君の出身の (venir) 町を私はよく知らない. 私はそこを一度訪れただけだ.

Leçon 23 条件法

ある事柄について，話し手がそれを事実と判断して述べる直説法に対して，**条件法**（*conditionnel*）は事柄を「仮定的なもの，非現実的なもの」として表わす．英語の仮定法と類似している．

§61 条件法現在，条件法過去 155

条件法の時制には現在と過去しかない．

[条件法現在の形]

語幹：単純未来形と同じ（例外なし）
語尾：r + 半過去の語尾と同じ（例外なし）

je	— **rais**	nous	— **rions**
tu	— **rais**	vous	— **riez**
il	— **rait**	ils	— **raient**

◆ 単純未来形が〈不定詞＋avoir の現在形〉に由来するのに対し，条件法現在形は〈不定詞＋avoir の半過去形〉に由来し，過去における未来の事柄を表わすのが本来の用法であった（「過去未来」の条件法については§66でふれる）．

chanter（語幹：chante-）

je	chante*rais*	nous	chante*rions*
tu	chante*rais*	vous	chante*riez*
il	chante*rait*	ils	chante*raient*

finir（語幹：fini-）

je	fini*rais*	nous	fini*rions*
tu	fini*rais*	vous	fini*riez*
il	fini*rait*	ils	fini*raient*

être（語幹：se-）

je	se*rais*	nous	se*rions*
tu	se*rais*	vous	se*riez*
il	se*rait*	ils	se*raient*

avoir（語幹：au-）

j'	au*rais*	nous	au*rions*
tu	au*rais*	vous	au*riez*
il	au*rait*	ils	au*raient*

[条件法過去の形] 助動詞の条件法現在形＋過去分詞 156

chanter : j'aurais chanté ... nous aurions chanté ...
partir   : je serais parti(e) ... nous serions parti(e)s ...

§62 条件法の用法 157

A. 非現実的事柄，想像上の事柄を表わす

(1) 条件文で

条件文は「…なら」という条件を表わす**条件節**と「…だろう」という結論を表わす**帰結節**から成る．条件節は一般に接続詞 si（il, ils の前でだけ s' になる）で導かれる従属節である．条件法の動詞は主節である帰結節で用いる．

(a) 〈si＋直説法半過去, 条件法現在〉：現在・未来の事実に反する仮定とその帰結

Si j'étais libre maintenant, je *sortirais* avec toi.   私がいま暇だったら，君と出かけるのだが．
Si j'étais libre ce soir, je *sortirais* avec toi.   私が今晩暇だったら，君と出かけるのだが．

◆ §36で用例を見たが，実際にありうる事態を想定する場合は，si の後の動詞を直説法現在に，主節の動詞を直説法単純未来にする（直説法現在や近接未来あるいは命令法などを使うこともできる）：
    Si je *suis* libre ce soir, je *sortirai* avec toi.   私が今晩暇なら，君と出かけるよ．

(b) 〈si＋直説法大過去, 条件法過去〉：過去の事実に反する仮定とその帰結

Si j'avais été libre hier, je *serais sorti(e)* avec toi.   私がきのう暇だったら，君と出かけたのだが．

（2）副詞句で仮定を表わす場合（条件法現在・条件法過去）[158]

Avec plus d'efforts, il *ferait* des progrès.	もっと努力をすれば，彼は上達するだろうに．
À votre place, je ne le lui *dirais* pas.	あなたの立場なら，私は彼(女)にそのことを言わないだろう．
Sans votre concours, j'*aurais échoué*.	あなたの協力がなかったら，私は失敗していただろう．
En cherchant mieux, tu *aurais pu* le trouver.	もっとよく探せば，君はそれを見つけられただろう．

（3）文脈や言外に仮定が含まれている場合（条件法現在・条件法過去）

Ils se réconcilient ? Ça m'*étonnerait*.	彼らが和解する？まさか［そうなったら驚きだ］．
Un débrouillard *se serait* bien *débrouillé*.	機転のきく男ならうまく切り抜けただろう．

B. 断定を避ける [159]

　条件法は仮想の事態を表わすので，独立文で用いると，「（できることなら）…する［したい，してもらいたい］のだが，（もしかしたら）…かもしれない」のような，断定を避ける表現になる．

（1）欲求，依頼，助言，質問などの語調を和らげる（条件法現在）

Je *voudrais* vous demander un petit service.	ちょっとお願いしたいことがあるのですが．
J'ai un peu froid. *Pourriez*-vous fermer la fenêtre ?	私は少し寒いのです．窓を閉めていただけますか？
Vous *feriez* mieux de partir immédiatement.	あなたはただちに出発するほうがいいでしょう．
Pardon, monsieur, ne *seriez*-vous pas M. Duval ?	失礼ですが，デュヴァルさんではありませんか？

（2）後悔，非難などを表わす（条件法過去）

On *aurait dû* réserver.	予約をしておくべきだったなあ．
Vous *auriez dû* agir avec plus de prudence.	あなたはもっと慎重に行動すべきでしたね．
Tu *aurais pu* venir plus tôt.	君はもっと早く来ることができただろうに．

（3）伝聞，推測などを表わす（条件法現在・条件法過去）

D'après un sondage, un Français sur deux *croirait* à l'existence des extraterrestres.	ある調査によれば，フランス人の2人に1人は地球外生物の存在を信じているということだ．
On a arrêté deux jeunes gens : ils *auraient volé* une voiture.	2人の若者が逮捕された．車を盗んだらしい．

Remarque ■ 条件と帰結の組み合わせ ■ [160]

　条件節の直説法半過去と帰結節の条件法現在は「現在・未来の非現実的な事柄」を表わし，条件節の直説法大過去と帰結節の条件法過去は「過去の非現実的な事柄」を表わす．したがって，それぞれがペアで使われることが多いが，組み合わせが交差することもある．

〈si + 直説法大過去，条件法現在〉
　Si l'avion n'*avait* pas *été* annulé, nous *ferions* une visite de Rome maintenant.
　もし飛行機が欠航になっていなかったら，私たちは今頃ローマ観光をしているだろう．

〈si + 直説法半過去，条件法過去〉
　S'il *était* d'un caractère prudent, il n'*aurait* pas *commis* une telle faute.
　もし彼が慎重な性格なら，あんな間違いをしなかっただろう．

---

§63 条件節・帰結節を用いた表現 [161]

条件節あるいは帰結節を単独で用いる次のような表現がある.

(1) 〈Si + 直説法半過去 / 直説法大過去〉

条件節を単独で用いて願望や後悔などを表わす.

Ah, *si* j'*étais* riche !	ああ，私が金持ちだったらなあ.
Ah, *si* nous *nous étions connu(e)s* plus tôt !	ああ，私たちがもっと早く知り合っていたら.

(2) 〈Si + 直説法半過去〉

「…したら（どうだろうか）？」という仮想の表現が「…しないか？」という勧誘の表現になる. ややくだけた会話で用いられ，主語はほとんどの場合 on.

Si on *allait* au cinéma ?	映画に行かないか？
Si on *déjeunait* ensemble ?	いっしょに昼食をしないか？

(3) 〈comme si + 直説法半過去 / 直説法大過去〉

「まるで…のように」を意味する表現. comme si ... の節の半過去と大過去の使い分けは si ... の条件節の場合と同じ.

Elle parle à son chien *comme si* c'*était* un être humain.	彼女は人間であるかのように犬に話しかける.
Il a raconté cette aventure *comme s*'il l'*avait* vraiment *vécue*.	彼は実際に体験したかのようにその冒険の話をした.

(4) 〈On dirait + 名詞 / que + 直説法〉 [162]

文字どおりには「(そうしようと思えば) …と言うこともできるだろう」という意味で，「…のようだ，…みたいだ」と，類似性を述べたり外見や状況から受ける印象を表わす.

Qu'il est mignon, ce bébé ! *On dirait* un ange.	とても可愛いね, この赤ちゃんは. 天使みたいだ.
Le ciel est couvert de nuages noirs ; *on dirait* qu'il va pleuvoir.	空が黒雲に覆われている. もうすぐ雨が降りそうだ.

◆ 過去の事柄については，条件法過去の〈On aurait dit...〉を用いる.

(5) 〈条件法現在 / 条件法過去〉

帰結節を疑問文や感嘆文にして，「そんなことはない，その逆だ」という反語を表わすことがある.

Moi, je *trahirais* mes amis ?	私が友人を裏切るだって？
Qui *aurait pu* prévoir cette catastrophe ?	誰がこの大惨事を予想できただろうか？

Remarque　　　　　■ **条件節についての補足** ■ [163]

● si で導かれる節が事実を表わすこともあり，次の構文でよく使われる.

Si je ne pars pas en vacances, *c'est (parce) que* j'ai trop de travail.

私がバカンスにでかけないのは，仕事が多すぎるからだ.

● au cas [dans le cas] où 「…の場合には」の節では条件法を用いる.

Au cas où il *pleuvrait*, on ne pique-niquera pas.

雨が降った場合は，ピクニックをしないだろう.

Exercices

1. かっこ内の動詞を条件法現在形にしなさい.

1) S'il ne faisait pas froid, ils (*aller*) se baigner à la mer.

2) Si tu pouvais vivre une autre vie, que (*vouloir*)-tu devenir ?

3) Si j'étais toi, je (*acheter*) ce caméscope.

4) Que (*faire*)-vous si vous étiez le premier ministre du Japon ?

5) Antoine doit avoir un travail urgent, sinon il (*venir*) passer la soirée avec nous.

2. かっこ内の動詞を条件法過去形にしなさい.

1) Si tu t'étais dépêché(e), tu (*pouvoir*) attraper le train.

2) Si vous m'aviez prévenue, je (*aller*) vous chercher à la gare.

3) Si Jules ne nous avait pas expliqué le chemin, nous (*se perdre*).

4) Il a répété tout ce que je lui avais confié. Si j'avais su, je ne lui (*dire* rien).

5) Cinq minutes plus tôt, il (*être*) sauvé par un massage cardiaque.

3. 動詞を条件法に変えて, 語調を和らげた表現にしなさい.

1) C'*est* une erreur de penser ainsi.

2) *Acceptez*-vous ce modeste cadeau ?

3) Je *peux* vous interrompre une seconde ?

4) Vous ne *voulez* pas changer de place, s'il vous plaît ?

5) Tu *dois* consulter un spécialiste.

4. 動詞を条件法現在形または過去形に変えて, 伝聞, 推測の表現にしなさい.

1) D'après un magazine, un mariage sur trois *se termine* par un divorce.

2) Ce joueur *se retirera* à la fin de la saison actuelle.

3) Un avion *s'est écrasé* près de Toulouse.

4) Le tsunami *a causé* des dégâts énormes sur les côtes de l'Asie du Sud.

Thème

1) もしあなたが私だったら, あなたはどの方法 (moyen) を選びますか？

2) もっと早く出発していたら, 君たちは間に合って (à temps) 到着しただろう.

3) 私はあなたにいくつか質問をしたい (poser) のですが.

4) 君はもう少し努力することができただろうに.

5) 彼はなんの物音も聞こえなかったかのように平静な (calme) ままだった.

Leçon 24 接続法

接続法 (*subjonctif*)は，特殊な用法を除けば，もっぱら従属節で用いられる．subjonctif という名称もそのことに由来する (*sub-* は「下の，従属した」で，*jonctif* は「結合，接続」を意味する)．

従属節で述べる事柄について，話し手がそれを事実であるとか実現する蓋然性が高いと判断すれば直説法を用いるが，事柄の現実性についての判断をせずに，<u>事柄の内容だけを伝える場合は接続法を用いる</u>．英語の仮定法にもこれに類似した用法がある．

§64 接続法現在，接続法過去 [164]

接続法には，現在・過去・半過去・大過去があるが，日常語では半過去・大過去を用いず，「未完了の事柄」は**接続法現在**，「完了した事柄」は**接続法過去**で表わす (接続法半過去・大過去は§72で学ぶ)．

[接続法現在の形]

語幹の作り方は2つに分かれる．語尾についても，既習の2つの時制の語尾が混合している．

語幹：① 単数人称と複数3人称 (=強形) の語幹は，
　　　　直説法現在の複数3人称語幹と同じ．
　　　　② 複数1・2人称 (=弱形) の語幹は，
　　　　直説法現在の複数1人称語幹と同じ

語尾：① 単数人称と複数3人称の語尾は，
　　　　-er 動詞の直説法現在語尾と同じ．
　　　　② 複数1・2人称の語尾は，
　　　　直説法半過去語尾と同じ．

直説法現在

ils	—ent	nous	...ons
①↓		②↓	

je	—e	nous	...**ions**
tu	—**es**	vous	...**iez**
il	—**e**	ils	—**ent**

したがって，-er 動詞については，je, tu, il, ils の接続法現在の活用形は直説法現在 [§8] と同じになり，nous, vous の活用形は直説法半過去 [§34] と同じになる．その他の動詞は，一般に，ils の活用形が直説法現在と同じ，nous, vous の活用形が直説法半過去と同じである．

(1) 語幹が変化しないもの (直説法現在で1語幹型 [§23] および2語幹単複型の動詞 [§24])

chanter

je	chant**e**	nous	chant**ions**
tu	chant**es**	vous	chant**iez**
il	chant**e**	ils	chant**ent**

finir

je	finiss**e**	nous	finiss**ions**
tu	finiss**es**	vous	finiss**iez**
il	finiss**e**	ils	finiss**ent**

(2) 語幹が変化するもの (直説法現在で2語幹強弱型 [§25] および3語幹型の動詞 [§26])

venir

je	vienn**e**	nous	ven**ions**
tu	vienn**es**	vous	ven**iez**
il	vienn**e**	ils	vienn**ent**

prendre

je	prenn**e**	nous	pren**ions**
tu	prenn**es**	vous	pren**iez**
il	prenn**e**	ils	prenn**ent**

(3) すべての人称で共通の特殊語幹をとるもの [165]

faire

je	fass**e**	nous	fass**ions**
tu	fass**es**	vous	fass**iez**
il	fass**e**	ils	fass**ent**

pouvoir : je puiss**e** ... nous puiss**ions** ...
savoir : je sach**e** ... nous sach**ions** ...
pleuvoir (非人称動詞) : il pleuv**e**

(4) 単数人称と複数3人称で特殊語幹をとり，複数1・2人称の語幹は原則どおりのもの [166]

aller

j'	aille	nous	all*ions*
tu	aille*s*	vous	all*iez*
il	aille	ils	aill*ent*

vouloir : je veuille ... nous voul*ions* ...
valoir : je vaille ... nous val*ions* ...
falloir (非人称動詞) : il faille

(5) 単数人称と複数3人称 / 複数1・2人称でそれぞれ特殊語幹をとるもの，語尾も変則的

être

je	sois	nous	soy*ons*
tu	sois	vous	soy*ez*
il	soi*t*	ils	soi*ent*

avoir

j'	aie	nous	ay*ons*
tu	aie*s*	vous	ay*ez*
il	ai*t*	ils	ai*ent*

◆ être, avoir および savoir, vouloir の命令法は特殊な形だった [§30]．それらは接続法から作られたので，原則的には接続法の活用形と同じだが，avoir, savoir, vouloir の tu に対する命令形は末尾の s を書かない．

[接続法過去の形]　助動詞の接続法現在形 ＋ 過去分詞 [167]

chanter : j'aie chanté ... nous ayons chanté ...
partir : je sois parti(e) ... nous soyons parti(e)s ...

§65　接続法の用法 [168]

　従属節には，名詞節，副詞節，形容詞節 (＝関係節) がある．それぞれの従属節において接続法を用いる場合の概要を以下に示す．接続法を要求する動詞や接続詞は，辞書にその旨が記載されている．

(1) 名詞節で

　主節が欲求・願望・必要性，疑惑・不確実，喜び・恐れ・後悔，その他の感情や主観的判断を表わしているとき．

Le patron veut que nous *terminions* ce travail le plus tôt possible.	上司は私たちができるだけ早くこの仕事を終えることを望んでいる．
Je ne pense pas qu'il *ait* raison.	私は彼が正しいとは思わない．
Il est content qu'elle *soit venue*.	彼女が来て彼は満足だ．〔接続法過去〕
Elle a peur que son mari (ne)* *soit* trop fatigué.	夫が疲れすぎているのではないかと彼女は心配している．
(*虚辞の ne. 下記のコラムを参照)	
Il faut que vous *vous connaissiez* mieux.	君たちはもっとよく互いを知るべきだ．

◆ このような名詞節では，一般に，実現が未確定な「ありうること，想定されること」を接続法で表わしているが，実現された事柄であってもその事実性を強調する必要のない場合には接続法を使う．たとえば，上の3番目の例文では，「満足だ」という感情を伝えることに力点があり，感情の対象である「彼女が来た」という事柄が事実であることは情報的に重要ではない．

Remarque　　　　　　　　　　**■ 虚辞の ne ■**

　疑惑・不確実・否定・恐れなどの表現では，名詞節の中で ne を単独で (＝ pas なしで) 用いることがある．この ne は，「…でなければいいのだが」といった否定的心理を反映したもので，本当の否定を表わしているのではない．このような用法の ne を**虚辞の ne** (*ne explétif*) という．虚辞の ne を用いるのはやや改まった言い方のときや書き言葉であり，日常会話ではあまり使わない (この課の文ではかっこに入れてある)．

---

(2) 副詞節で 〔169〕

副詞節が期限，目的，逆接，譲歩，条件などを表わしているとき．

J'ai rentré le linge avant qu'il (ne) *pleuve*.	私は雨が降る前に洗濯物を取り込んだ．
Nous jouions dehors jusqu'à ce qu'il *fasse* nuit.	私たちは夜になるまで外で遊んだものだ．
Téléphone à ta mère pour qu'elle ne *s'inquiète* pas.	お母さんが心配しないように電話をしなさい．
Elle n'est pas venue bien qu'elle l'*ait promis*.	約束したのに彼女は来なかった．〔接続法過去〕
Je te prête ce DVD à condition que tu me le *rendes* demain.	あした返してくれるなら君にこのDVDを貸す．

◆ このような副詞節の内容はまだ実現していない事柄が多いが，名詞節の場合と同じく，事実性を問題にしないときにも接続法が使われる．たとえば，上の4番目の「逆接」の例文での接続法の使用は，「約束した」のは「来なかった」ことの根拠ではないので，事実であることを主張する直説法を用いるのは不自然に感じられるからである（「約束したとおりに彼女は来た」という「順接」であれば，直説法を用いて Elle est venue comme elle l'*avait promis*. と言う）．

(3) 形容詞節 (= 関係節) で 〔170〕

先行詞が表わしているものの存在が不確実または否定されているとき，および，先行詞が最上級やそれに類する表現（「唯一の…」，「最初の…」など）のときに用いる．先行詞が最上級表現などの場合の接続法の使用は断定を和らげる働きがある．

Elle cherche un chemisier qui *aille* bien avec sa jupe grise.	彼女はグレーのスカートに合うようなブラウスを探している．
Il n'y a personne qui *veuille* cette chose-là.	そんな物を欲しがる人など誰もいない．
C'est le meilleur étudiant que je *connaisse*.	あれは私の知る限りでの最良の学生です．

(4) 独立節で

願望，命令などを表わす．この独立節も元来は従属節であり，「私は望む，願う」のような意味の主節が省略されたもの．成句的表現では que が省略され，さらに主語と動詞が倒置されているものもある．

Que personne ne *bouge* !	誰も動かないように．
Dieu *soit loué* !	神のたたえられんことを〔ありがたいことだ〕．
Vive la France !	フランス万歳．

Remarque   ■ **主節と従属節の主語** ■

主節の主語と接続法を用いる従属節の主語は違うものでなければならない．たとえば，「私は彼が出発することを望む」は Je veux qu'il parte. だが，「私は自分が出発することを望む」は ˣJe veux que je parte. ではなく，不定詞を用いて Je veux partir. と言う．副詞節についても同様で，「私は自分が外出する前に食事をする」は ˣJe mange avant que je sorte. ではなく，Je mange avant de sortir. と言う．ただし，bien que のように対応する前置詞がないものは主語が同一でもよい（上記 (2) の4番目の例文を参照）．

Exercices

1. かっこ内の動詞を接続法現在形にしなさい.

A. 名詞節

1) Betty ne trouve pas que le français (*être*) plus difficile que l'italien.

2) Je doutais que cet athlète (*battre*) le record du monde.

3) Il est impossible qu'ils (*se comprendre*) l'un l'autre.

4) Le public attend avec impatience que le rideau (*se lever*).

5) Il est nécessaire que nous (*recueillir*) suffisamment d'informations.

6) C'est dommage que vous (*devoir*) quitter cette ville.

7) Les villageois sont inquiets que la tempête (ne) (*devenir*) de plus en plus violente.

8) Je déteste qu'on (*faire*) du bruit dans un restaurant ou dans un bar.

B. 副詞節

1) À l'arrêt, elles ont bavardé en attendant que le bus (*venir*).

2) Ils parlaient à voix basse de peur que quelqu'un (ne) les (*entendre*).

3) Je ne lui parlerai plus à moins qu'il (ne) (*reconnaître*) ses fautes.

4) Il ne s'arrête pas de fumer quoique le médecin le lui (*défendre*).

5) Je ne changerai pas ma décision, quoi que tu (*dire*).

6) Contactez-moi, où que vous (*aller*).

C. 形容詞節

1) Les enfants cherchent un terrain vague où ils (*pouvoir*) jouer au foot.

2) Il n'y a actuellement pas de médicament qui (*guérir*) cette maladie.

3) Dans ce magasin, je n'ai rien trouvé qui me (*plaire*).

4) L'homme est le seul animal qui (*savoir*) qu'il doit mourir.

2. かっこ内の動詞を接続法過去形にしなさい.

1) Il semble que les voleurs (*s'introduire*) par cette fenêtre.

2) Il est incroyable que tu (ne pas *recevoir*) cette offre.

3) Nous sommes tristes que nos amis (*retourner*) dans leur pays.

4) Tout le monde est étonné qu'il (*s'en aller*) sans rien dire.

5) Il est regrettable que le spectacle (*être*) annulé.

6) Bien que nous (*travailler* beaucoup), le patron n'est pas satisfait.

7) C'est le plus beau paysage que je (*voir* jamais).

Thème

1) 君は私たち抜きでそこに行ってはいけない (falloir).

2) 彼らは電車に乗り遅れた (manquer) のかもしれない (possible).

3) 私は彼らが道に迷わないように駅に迎えに行く.

4) 彼が戻ってくるまで私はここに残っている.

5) この界隈には，零時 (minuit) 過ぎに開いているレストランはただ1軒しかない.

Leçon 25 時制の一致と話法

これまでに習った**時制の体系**を確認し，時制体系と関連の深い**話法**について概観する．

§66 時制の一致 [171]

接続詞の que で導かれる従属節(=名詞節)を含む文で，主節の動詞が過去時制になると従属節の中の動詞もそれに応じて変化する現象を，**時制の一致**(または時制の照応)(*concordance des temps*)という．

時制の一致の原則は次のとおりである．

● 主節の動詞が現在または未来時制のとき

従属節の動詞は主節の動詞の時制に左右されない．

Je *crois*				
	qu'il *pleut*.	〔現在〕	雨が降っている	
	qu'il *a plu*.	〔複合過去〕	雨が降った	と私は思う．
	qu'il *pleuvra*.	〔単純未来〕	雨が降るだろう	
	qu'il *aura plu*.	〔前未来〕	雨が降りやむだろう	

● 主節の動詞が過去時制のとき

従属節の動詞は主節の動詞の影響を受けて，下に示すように変化する．「過去における未来」は<u>条件法現在</u>で，「過去における前未来」は<u>条件法過去</u>で表わす．

Je *croyais*				
	qu'il *pleuvait*.	〔半過去〕	雨が降っている	
	qu'il *avait plu*.	〔大過去〕	雨が降った	と私は思っていた．
	qu'il *pleuvrait*.	〔条件法現在〕	雨が降るだろう	
	qu'il *aurait plu*.	〔条件法過去〕	雨が降りやむだろう	

◆ 従属節の半過去と大過去は主節の時制に影響を受けない．半過去で表わされる「過去における事態の継続」と大過去で表わされる「過去完了」は他の時制では代用できないからである．

Je *crois*	qu'il *pleuvait*.	雨が降っていた	と私は思う．
Je *croyais*	qu'il *avait plu*.	雨が降りやんでいた	と私は思っていた．

したがって，たとえば，Je croyais qu'il pleuvait. は「雨が降っている，と私は思っていた」と「雨が降っていた，と私は思っていた」のいずれの意味にもなるが，実際には，時を表わす語句や文脈によって時間関係が明らかになる：

　　Je croyais qu'il pleuvait *à son départ*.　彼(女)が出かけたときは雨が降っていた，と私は思っていた．

Remarque　　　　　　　■ 日常語における時制の体系 ■

ある事態は一般に「今この時」を基準にして語られるが，「過去のある時」に視点を移して語ることもある．フランス語の動詞の時制はそれを反映したふたつのグループに分かれる．現在を中心とする時制体系と，「過去における現在」である半過去を中心とする時制体系である．時制の一致は，現在を中心とする時制体系から半過去を中心とする時制体系への移動と捉えることができる．

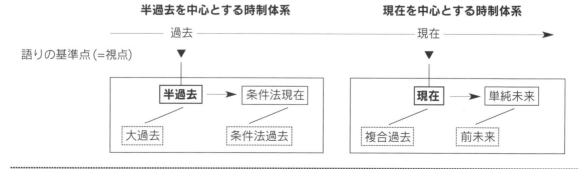

----

§67　直接話法と間接話法 [172]

　人の発言を他の人に伝達するときの表現形態を**話法**という．人の発言をそのままの形で伝えるのが**直接話法**（*discours direct*）で，表記する場合は発言内容を引用符で囲み（ダッシュを用いることもある），発言を表わす dire「言う」, demander「尋ねる，頼む」などの動詞の後にコロンを置く．dire, demander などの動詞を**伝達動詞**（または導入動詞），発言内容を表わす文を**被伝達文**と呼ぶ．

　間接話法（*discours indirect*）は人の発言を伝達者のことばに直して伝える表現形態で，発言内容（= 被伝達文）が従属節に変わる．従属節を導く語句は，被伝達文が平叙文のときは接続詞の que（母音の前では qu'）である．que を省略することはできず，従属節が2つ以上あるときは que をそれぞれの節の前で繰り返す．

直接話法の文 ── Il dit : « Sabine est très charmante. »　　　「サビーヌはとても魅力的だ」と彼は言う．
間接話法の文 ── Il dit *que* Sabine est très charmante.　　　サビーヌはとても魅力的だと彼は言う．

🎧◆ 直接話法では伝達動詞を被伝達文の中や後に置くこともできる．その場合の伝達動詞（とその主語）を**挿入節**という．挿入節では主語と動詞を倒置する．倒置の形式について注意すべき点は，主語が代名詞のときは主語代名詞を活用動詞（＝複合時制では助動詞）の後に置くが，主語が名詞のときは単純倒置をして主語名詞を述語動詞（＝複合時制では〈動詞＋過去分詞〉）の後に置き，複合倒置はしない：

　« Sabine est très charmante », *dit-il* [*a-t-il dit*].　「サビーヌはとても魅力的だ」と彼は言う[言った]．
　« Sabine est très charmante », *dit Christian* [*a dit Christian*].　「サビーヌはとても魅力的だ」とクリスチャン
　（×« Sabine est très charmante », *Christian dit-il* [*Christian*　は言う[言った]．
　　a-t-il dit].）

§68　話法の転換 [173]

A. 話法の転換に伴う変化（時制の一致以外）

　伝達動詞が過去時制であれば時制の一致が行なわれる [§66]．また，人称や指示に関する表現が，伝達者である「私」が「今，ここから」見た表現に変わる．場所や時の指示については，たとえば次のような変化が起こる．

ici	ここ	→ là	そこ
maintenant, en ce moment	今	→ alors, à ce moment-là	その時
aujourd'hui	きょう	→ ce jour-là	その日
hier	きのう	→ la veille	前日
demain	あした	→ le lendemain	翌日
avant-hier	おととい	→ l'avant-veille	前々日
après-demain	あさって	→ le surlendemain	翌々日
la semaine dernière	先週	→ la semaine précédente [d'avant]	前の週
le mois prochain	来月	→ le mois suivant [d'après]	翌月
dimanche dernier	この前の日曜日	→ le dimanche précédent [d'avant]	その前の日曜日
ce matin / ce soir	けさ / 今晩	→ ce matin-là / ce soir-là	その朝 / その晩
il y a trois jours	3日前	→ trois jours avant [plus tôt]	その3日前
dans trois jours	3日後	→ trois jours après [plus tard]	その3日後

Il m'a dit : « *Je te* prête *ma* voiture. »　　　　　「君に僕の車を貸す」と彼は私に言った．
→ Il m'a dit qu'*il me* prêtait *sa* voiture.　　　　私に彼の車を貸すと彼は私に言った．
Il a dit : « Je suis allé à Lyon *hier* et j'y retournerai　「私はきのうリヨンに行ってあしたそこにまた行く」と
demain. »　　　　　　　　　　　　　　　　　　彼は言った．
→ Il a dit qu'il était allé à Lyon *la veille* et qu'il y　彼は前日リヨンに行って翌日そこにまた行くと言った．
　retournerait *le lendemain*.

B. 被伝達文が疑問文の場合 [174]

被伝達文が疑問文のとき，間接話法の文における従属節は**間接疑問節**と呼ばれる．間接疑問節の形式は，被伝達文が**全体疑問文** (= 疑問詞を用いない疑問文) の場合と**部分疑問文** (= 疑問詞を用いる疑問文) の場合とで異なる．

(1) **全体疑問文**は，接続詞の si で始まる間接疑問節になる (疑問文の文頭に est-ce que があればそれを削除し，主語が倒置されていれば通常の語順にする).

Il m'a demandé : « Tu es libre ? »	「君は暇かい？」と彼は私に尋ねた．
→ Il m'a demandé *si* j'étais libre.	私が暇かどうか彼は私に尋ねた．

(2) **部分疑問文**は，一般に，疑問詞をそのまま用いた間接疑問節になる (疑問詞の後に est-ce que があればそれを削除し，主語が倒置されていれば通常の語順にする).

Je leur ai demandé : « *Quand* est-ce que vous partirez ? »	「いつ君たちは出発するの？」と私は彼らに尋ねた．
→ Je leur ai demandé *quand* ils partiraient.	いつ彼らが出発するのかと私は彼らに尋ねた．
Elle m'a demandé : « *Où* habite-t-il ? »	「彼はどこに住んでいるの？」と彼女は私に尋ねた．
→ Elle m'a demandé *où* il habitait.	彼はどこに住んでいるのかと彼女は私に尋ねた．

(3) ただし，「物・事」を問う疑問代名詞は次のように変化する．[175]

qu'est-ce qui → ce qui

Ils m'ont demandé : « *Qu'est-ce qui* s'est passé ?»	「何が起きたのですか？」と彼らは私に尋ねた．
→ Ils m'ont demandé *ce qui* s'était passé.	何が起きたのかと彼らは私に尋ねた．

que / qu'est-ce que → ce que (＊母音の前では ce qu')

Je lui ai demandé : «*Que* regardez-vous ? »	「何を見ているのですか？」と私は彼に尋ねた．
→ Je lui ai demandé *ce qu'*il regardait.	何を見ているのかと私は彼に尋ねた．
Elle m'a demandé : « *Qu'est-ce que* c'est ? »	「それは何ですか？」と彼女は私に尋ねた．
→ Elle m'a demandé *ce que* c'était.	それは何かと彼女は私に尋ねた．

◆ 間接疑問節の疑問詞の後で不定詞を用いることがある．その場合，物・事を問う疑問詞として que あるいは quoi を用いる (なお，間接疑問節を導く je ne sais pas は，改まった言い方では pas が省略される):

Je ne sais *que* faire. = Je ne sais pas *quoi* faire.	何をしたらいいのかわからない．
Je ne sais (pas) *où* aller.	どこへ行けばいいのかわからない．

Remarque　　　　■ 従属節における主語名詞の倒置 ■

疑問詞で導かれる間接疑問節で主語名詞と動詞を倒置することがある．例えば，「ジャンはどこに住んでいるのかと彼女は私に尋ねた」は2つの語順が可能である．

Elle m'a demandé où *Jean* habitait. = Elle m'a demandé où habitait *Jean*.

関係節においても同様の倒置があったことを思い出そう [§44].

C'est le dictionnaire que *mon professeur* m'a recommandé.

= C'est le dictionnaire que m'a recommandé *mon professeur*.

いずれも，ふつうの語順では，疑問詞や関係代名詞 (これらは動詞の状況補語や目的語の働きをしている) と動詞が主語名詞によって分断されるが，主語名詞を動詞の後に移動することによって，結びつきの強い要素が隣接するのでよりなめらかな文体になる．直接話法の挿入節における倒置にも同様の原理が働いている．

C. 被伝達文が命令文の場合 176

一般に，〈**de + (ne pas) + 不定詞**〉になる.

Il a dit à sa fille : « Tais-toi. »　　　　　　　　「黙りなさい」と彼は娘に言った.

→ Il a dit à sa fille *de* se taire.　　　　　　　彼は娘に黙るように言った.

Il m'a dit : « Ne restez pas ici. »　　　　　　　「ここにいてはいけない」と彼は私に言った.

→ Il m'a dit *de* ne pas rester là.　　　　　　　彼は私にそこにいないように言った.

Elle m'a dit : « Rappelle-moi, s'il te plaît. »　　「また電話してね」と彼女は私に言った.

→ Elle m'a demandé *de* la rappeler.　　　　　　また電話してほしいと彼女は私に頼んだ.

　　◆命令文を〈que + 接続法〉にすることもあり，上記の文は次のように言うこともできる :
　　Il a dit à sa fille *qu'elle se taise*.
　　Il m'a dit *que je ne reste pas là*.
　　Elle m'a demandé *que je la rappelle*.

Remarque　　　　　　　　■ 時制の一致・指示表現について ■

● 従属節の内容が普遍的真理を表わすときは現在形を用いることが多いが，時制の一致を行なって半過去形にすることもある.

Le maître *a expliqué* aux élèves que la Terre *est* [*était*] ronde.

先生は生徒に地球が丸いことを説明した.

● 従属節で述べられている事柄を現在を基点としてとらえるときは時制の一致を行なわないことがある.

J'*ai appris* qu'elle *s'est mariée*, qu'elle *vit* en province.

彼女が結婚して，地方で暮らしていると聞いた.

● 被伝達文で指している場所や時が伝達する時点でも変わっていなければ，指示表現を変化させない. たとえば，« Je suis allé à Lyon *hier*. »「きのうリヨンに行った」という発言をその日のうちに伝達するなら hier をそのまま用いる.

Il a dit qu'il était allé à Lyon *hier*.　　きのうリヨンに行ったと (さっき) 彼は言った.

Exercices

1. 間接話法の文にしなさい.

A. 平叙文

1) Elle a dit : « Je suis fatiguée, je vais me coucher. »

2) Christophe m'a téléphoné : « J'ai emménagé tout près de chez toi. »

3) « J'ai dit tout ce que je sais, a-t-il affirmé, je ne cache rien. »

4) Le médecin a assuré : « Le malade pourra quitter l'hôpital la semaine prochaine. »

5) Nathalie m'a informé(e) par mail : « Je viens de changer d'emploi et je suis bien contente de mon nouveau poste parce que je ferai de nombreux déplacements à l'étranger. »

B. 疑問文

1) Adèle a demandé à Éric : « Tu m'aideras quand tu auras fini ton travail ? »

2) Ils ont demandé au sommelier : « Quel vin nous conseillez-vous ? »

3) « Qu'est ce que tu veux devenir quand tu seras grand ? » a demandé la mère à son fils.

4) J'ai demandé à l'agent de police : « Qu'est-ce qui a causé l'accident ? »

5) Je me demandais : « Pourquoi s'est-elle fâchée avec sa meilleure amie ? »

C. 命令文

1) Il m'a dit : « Contactez-moi n'importe quand. »

2) Ils nous ont proposé : « Venez dîner chez nous ce soir. »

3) Elle a recommandé plusieurs fois à son mari : « Ne conduis pas trop vite. »

4) Le directeur m'a ordonné : « Remettez-moi le rapport au plus tard mercredi prochain. »

2. 下線の動詞を複合過去にし, イタリック体の動詞を適切な時制に変えなさい.

Le soir, Marie <u>vient</u> me chercher et me <u>demande</u> si je *veux* me marier avec elle. Je <u>dis</u> que cela m'*est* égal et que nous *pourrons* le faire si elle le *veut*. Elle <u>veut</u> savoir alors si je l'*aime*. Je <u>réponds</u> comme je l'*ai* déjà *fait* une fois, que cela ne *signifie* rien mais que sans doute je ne l'*aime* pas. « Pourquoi m'épouser alors ?* » <u>dit</u>-elle. Je lui <u>explique</u> que cela n'*a* aucune importance et que si elle le *désire*, nous *pouvons* nous marier. [...] Elle <u>observe</u> alors que le mariage *est* une chose grave. Je <u>réponds</u> : « Non. » Elle <u>se tait</u> un moment et elle me <u>regarde</u> en silence.

（＊疑問詞の後で不定詞を用いた構文. Pourquoi m'épouses-tu alors? の簡略形）

（オリジナルテキスト：Albert Camus, *L'Étranger*）

Thème

（＊直接話法と間接話法の両方を書きなさい）

1) 彼は私たちに言った.「私は数日前に新しいコンピュータを買った.」

2) 彼は私に尋ねた.「私たちは1週間後にまた会えますか (revoir) ?」

3) 私は彼女に尋ねた.「あなたは今晩誰と出かけるの?」

4) 彼女は私に尋ねた.「あなたはこの前の土曜日に何をしたの?」

5) 彼は私に言った.「明朝10時に私のオフィスに来なさい.」

Leçon 26 書き言葉

この最後の課では，主として書き言葉で用いられる構文や時制を扱う.

§69　分詞構文 〔177〕

現在分詞には，名詞を修飾する形容詞的用法[§53]のほかに，述語動詞を修飾する副詞的用法がある．そうした現在分詞を含む構文を**分詞構文**と呼ぶ．分詞構文における分詞 (より正確には，分詞に導かれる**分詞節**) は，次に示すようなさまざまな意味を帯びる．ただし分詞構文は文語的であり，日常語では，多くの場合，同じ意味合いを表わすジェロンディフ[§54]や副詞節を用いる.

(1) 時間関係

Elle marchait dans la rue, se *rappelant* les événements de la journée.
その日の出来事を思い出しながら，彼女は通りを歩いていた.

Le malade, *s'asseyant* dans un fauteuil, a repris son souffle.
病人は，肘掛け椅子に腰をおろして，一息ついた.

◆一般に，主節が継続的事態を表わす場合は，それと同時に起こる事態や行為の様態を表わし，主節が瞬間的事態を表わす場合は，その前後に継起する行為を表わす.

(2) 原因・理由

Ayant mal au dos, je suis allé(e) chez le kinésithérapeute.
背中が痛むので，私は運動療法士のところへ行った.

(3) 対立・譲歩

Voulant faire plaisir à son mari, elle l'a mis en colère au contraire.
夫を喜ばせたかったのだが，彼女は逆に彼を怒らせてしまった.

(4) 条件・仮定 〔178〕

Réfléchissant mieux, vous changerez d'avis.
もっとよく考えれば，あなたは意見を変えるだろう.

🎧 ◆être の現在分詞の étant は省略することができる．したがって，〈étant＋形容詞〉は，形容詞を単独で用いるのと同じことになる：

Étant malade, il ne pourra pas assister à la réunion. ＝ Malade, il ne pourra pas assister à la réunion.
病気なので，彼は会議に出席できないだろう.

🎧 ◆複合形 (＝〈助動詞の現在分詞 + 過去分詞〉) は時間的先行性を表わすが，多くは，原因・理由のニュアンスを伴う．助動詞が être のときは，それを省略することができるので，過去分詞の分詞構文とみなすこともできる：

Ayant fini le travail, nous avons pris du repos.
仕事を終えて[終えたので]，私たちは休息をとった.

(*Étant*) *partis* tôt le matin, ils ont pu y arriver avant midi.
朝早く出発して[出発したので]，彼らは昼前にそこに着くことができた.

Remarque　　　　　　　　　■ **絶対分詞構文** ■ 〔179〕

主節の主語とは別に分詞が独自の主語をもつものを**絶対分詞節**といい，絶対分詞節を用いた構文を**絶対分詞構文**という．絶対分詞構文も一般の分詞構文と同じ意味関係を表わす.

La voiture *roulant* à toute vitesse, les enfants ont eu mal au cœur.
車がフルスピードで走っていたので，子どもたちは吐き気をもよおした.

La tempête *menaçant*, ils sont néanmoins partis.　嵐が近づいてはいたが，彼らはそれでも出発した.

Dieu *aidant*, nous réussirons.　神の助けがあれば，私たちは成功するでしょう.

---

§70 直説法単純過去 [180]

単純過去（*passé simple*）は，その名が示すように，単純時制の過去で，動詞自体が活用する．

[形]

語幹： 通常，過去分詞と同じだが，特殊なものも少なくない．

語尾： -er 動詞は左側の語尾をとる．それ以外の動詞は右側の語尾をとり，語尾の前に i, u, in のいずれかがくる．複数 1・2人称ではアクサン・シルコンフレクスがつくことに注意．

	-er 動詞	-er 動詞以外
je	—**ai**	—**..s**
tu	—**as**	—**..s**
il	—**a**	—**..t**
nous	—**âmes**	—**.̂mes**
vous	—**âtes**	—**.̂tes**
ils	—**èrent**	—**..rent**

	chanter	finir	mettre	être	avoir	venir
je	chant*ai*	fin*is*	m*is*	f*us*	e*us*	v*ins*
tu	chant*as*	fin*is*	m*is*	f*us*	e*us*	v*ins*
il	chant*a*	fin*it*	m*it*	f*ut*	e*ut*	v*int*
nous	chant*âmes*	fin*îmes*	m*îmes*	f*ûmes*	e*ûmes*	v*înmes*
vous	chant*âtes*	fin*îtes*	m*îtes*	f*ûtes*	e*ûtes*	v*întes*
ils	chant*èrent*	fin*irent*	m*irent*	f*urent*	e*urent*	v*inrent*

[用法] [181]

単純過去は，過去の出来事（=瞬間的な行為や限定された期間持続した事態）を，現在と切り離して客観的に述べる場合に用いる時制である．現用のフランス語では，日常語では用いられず，もっぱら書き言葉として，物語りや歴史の叙述などで使用される（日常語では，元来「現在完了」だった複合過去が，単純過去の役割も兼ねるようになった）．

Comme il *se mit* à pleuvoir, M. Dubois *courut* au café où il *tomba* sur un ami.
雨が降りだしたので，デュボワ氏はカフェに走って行き，そこで友人に偶然出会った．

Le 14 juillet 1789, le peuple de Paris *s'empara* de la Bastille.
1789年7月14日，パリの民衆がバスティーユを奪取した．

§71 直説法前過去 [182]

[形] 助動詞の単純過去形＋過去分詞

[用法] 前過去（*passé antérieur*）は，単純過去が表わす事態の直前に完了した事柄を表わす．

Dès que ses amis *furent partis*, elle reprit sa lecture.
友人たちが帰るとすぐに，彼女はまた読書を続けた．

🎧 ◆ 行為の迅速な完了を表わすために，独立節で前過去を用いることがある．
Le lion *eut dévoré* sa proie en un instant.　ライオンはたちまちのうちに獲物を食い尽くした．

Remarque　　　■ **過去の事柄を表わす現在** ■ [183]

臨場感を出すために，過去の事柄を現在形を用いて語ることがある．また，歴史の記述などでも現在形を用いることがある（物語的現在，歴史的現在，叙述的現在などと呼ばれる）．

J'étais assis à la terrasse d'un café. Et soudain j'*entends* une explosion.
私はカフェのテラスに座っていた．すると突然爆発音を耳にする．

Le 14 juillet 1789, le peuple de Paris *s'empare* de la Bastille.
1789年7月14日，パリの民衆がバスティーユを奪取する．

---

§72 接続法半過去, 接続法大過去 〔184〕

[接続法半過去の形]

語幹: 直説法単純過去と同じで, 例外はない.

語尾:

je	—..sse
tu	—..sses
il	—..t̂
nous	—..ssions
vous	—..ssiez
ils	—..ssent

左記の共通語尾の前に, -er 動詞は a が, それ以外の動詞は i, u, in のいずれかがくる.
単数3人称でアクサン・シルコンフレクスがつくことに注意.

	chanter	finir	mettre	être	avoir	venir
je	chantasse	finisse	misse	fusse	eusse	vinsse
tu	chantasses	finisses	misses	fusses	eusses	vinsses
il	chantât	finît	mît	fût	eût	vînt
nous	chantassions	finissions	missions	fussions	eussions	vinssions
vous	chantassiez	finissiez	missiez	fussiez	eussiez	vinssiez
ils	chantassent	finissent	missent	fussent	eussent	vinssent

[接続法大過去の形]   助動詞の接続法半過去形＋過去分詞

[接続法半過去・大過去の用法] 〔185〕

　日常語では, 主節の動詞の時制がなんであれ, 未完了の事柄は接続法現在, 完了した事柄は接続法過去で表わすが, 文語では接続法の動詞も時制の一致を行なう. すなわち, 主節の動詞が過去時制のときは, 「未完了の事柄」を接続法半過去で, 「完了した事柄」を接続法大過去で表わす (主節が現在や未来時制のときは, 文語でも接続法現在や接続法過去を使う).

Il voulait qu'elle *vînt*.　　　〔文語：接続法半過去〕彼女が来ることを彼は望んでいた.
cf. Il voulait qu'elle *vienne*.　〔日常語：接続法現在〕
Il regrettait qu'elle *fût partie*.　〔文語：接続法大過去〕彼女が発ったことを彼は残念に思っていた.
cf. Il regrettait qu'elle *soit partie*.　〔日常語：接続法過去〕

§73 条件法過去第2形 〔186〕

[形]   接続法大過去と同形

[用法]   条件法過去第2形 (*conditionnel passé 2e forme*) は文語でしか使われない. 形は接続法大過去と同じである. 条件文で用いられるが, 帰結節の条件法過去に代わるだけでなく, 条件節の直説法大過去の代わりもする. したがって, 日常語の表現も含めれば, 条件節と帰結節で4つの組み合わせが可能になる:

S'il *avait réussi*, elle *eût été* heureuse.　　〔直大過＋条過2〕彼が成功していたら, 彼女は喜んだだろうに.
= S'il *eût réussi*, elle *aurait été* heureuse.　〔条過2＋条過〕
= S'il *eût réussi*, elle *eût été* heureuse.　　〔条過2＋条過2〕
cf. S'il *avait réussi*, elle *aurait été* heureuse.〔日常語：直大過＋条過〕

　◆ かつては接続法半過去も仮定の事柄を表わした. 若干の成句表現にその用法が残っている.

Exercices

1. かっこ内の動詞を現在分詞にしなさい (現在分詞の複合形を用いる場合もある).

1) Les enfants jouaient dans le jardin, (*courir*), (*crier*), (*se poursuivre*).

2) Elle aimait rester chez elle, (*lire*) des nouveautés ou (*écouter*) des CD.

3) Le chien s'est arrêté, (*renifler*) le sol et (*agiter*) la queue.

4) (ne jamais *dire*) de mensonge, il a la confiance de tous.

5) La voiture, (*avoir heurté*) un camion, s'est renversée sur la route.

6) (*détester*) le rock, il est quand même allé au concert avec sa petite amie.

7) (ne pas *avoir rencontré*) cette femme, il serait encore célibataire.

8) Ses parents lui (*avoir faire*) des reproches, elle est un peu déprimée. 〔絶対分詞構文〕

9) Le chômage (*augmenter*) encore plus, il faudra prendre des mesures énergiques. 〔絶対分詞構文〕

2. 下線の動詞の不定詞と，文中での動詞の形態 (叙法・時制など) を言いなさい.

A. おもに直説法
1) Jules César conquit la Gaule au premier siècle avant Jésus-Christ.

2) Le peintre Claude Monet naquit en 1840 et mourut en 1926.

3) L'hiver fut rigoureux et se prolongea longtemps.

4) On entendit du bruit au grenier ; nous y montâmes.

5) Il dîna, fuma une pipe, lut quelques pages de la Bible puis alla se coucher.

6) Le coureur eut bientôt rejoint le peloton de tête.

7) La cigale, ayant chanté tout l'été, se trouva fort dépourvue quand la bise fut venue.
   (La Fontaine, *Fables*)

8) À peine Colette fut-elle sortie que la pluie se mit à tomber avec violence.

B. 直説法とそれ以外
1) Ne faites pas à autrui ce que vous ne voudriez pas qu'on vous fît.

2) Il était rare qu'elle grondât ses enfants.

3) Elle aurait aimé revoir son père disparu, ne fût-ce qu'un instant.

4) Je craignais qu'elle ne fût venue pendant mon absence.

5) Ses parents furent déçus qu'il eût échoué à son examen.

6) Le nez de Cléopâtre : s'il eût été plus court, toute la face de la terre aurait changé.
   (Blaise Pascal, *Pensées*)

7) Il jeta un regard furtif vers la porte, comme s'il eût craint qu'elle ne s'ouvre malgré le verrou qui la fermait. (Victor Hugo, *Les Misérables*)

Version (和訳) 〔自習用〕

1) (187)

　Il était une fois une petite fille de village, la plus jolie qu'on eût su voir ; sa mère en était folle, et sa mère-grand plus folle encore. Cette bonne femme lui fit faire un petit chaperon rouge, qui lui seyait si bien, que partout on l'appelait le petit Chaperon rouge.

(Charles Perrault, Le Petit Chaperon rouge)

2) (188)

　Le lendemain revint le petit prince.

　– Il eût mieux valu revenir à la même heure, dit le renard. Si tu viens, par exemple, à quatre heures de l'après-midi, dès trois heures je commencerai d'être heureux. Plus l'heure avancera, plus je me sentirai heureux.

(Antoine de Saint-Exupéry, Le Petit Prince)

3) (189)

　La Fée dit alors à Cendrillon : « Hé bien, voilà de quoi aller au bal, n'es-tu pas bien aise ? – Oui, mais est-ce que j'irai comme cela avec mes vilains habits ? » Sa Marraine ne fit que la toucher avec sa baguette, et en même temps ses habits furent changés en des habits de drap d'or et d'argent tout chamarrés de pierreries ; elle lui donna ensuite une paire de pantoufles de verre, les plus jolies du monde. Quand elle fut ainsi parée, elle monta en carrosse ; mais sa Marraine lui recommanda sur toutes choses de ne pas passer minuit, l'avertissant que si elle demeurait au bal un moment davantage, son carrosse redeviendrait citrouille, se chevaux des souris, ses laquais des lézards, et que ses vieux habits reprendraient leur première forme. Elle promit à sa Marraine qu'elle ne manquerait pas de sortir du Bal avant minuit. Elle part, ne se sentant pas de joie.

(Charles Perrault, Cendrillon ou la petite pantoufle de verre)

4) (190)

　Un reflet de lune faisait confusément visible au-dessus de la cheminée le crucifix qui semblait leur ouvrir les bras à tous les deux, avec une bénédiction pour l'un et un pardon pour l'autre.

　Tout à coup Jean Valjean remit sa casquette sur son front, puis marcha rapidement, droit au placard qu'il entrevoyait près du chevet ; il leva le chandelier de fer comme pour forcer la serrure ; la clef y était ; il l'ouvrit ; la première chose qui lui apparut fut le panier d'argenterie ; il le prit, traversa la chambre à grands pas sans précaution et sans s'occuper du bruit, gagna la porte, rentra dans l'oratoire, ouvrit la fenêtre, saisit son bâton, enjamba l'appui du rez-de-chaussée, mit l'argenterie dans son sac, jeta le panier, franchit le jardin, sauta par-dessus le mur comme un tigre, et s'enfuit.

(Victor Hugo, Les Misérables)

[付録]

I 基本文型

英語の5文型に対して，フランス語では一般に基本文型として以下の6文型を立てる．

1. 主語 S ＋ 動詞 V

   <u>Les enfants</u> <u>jouent</u>.　　　　　　　子供たちが遊んでいる．
   　 S　　　　　 V

2. 主語 S ＋ 動詞 V ＋ 属詞 A

   <u>Sylvie</u> <u>est</u> <u>étudiante</u>.　　　　　シルヴィーは学生です．
   　 S　　 V　　 A

3. 主語 S ＋ 動詞 V ＋ 直接目的語 OD

   <u>Elle</u> <u>aime</u> <u>la musique</u>.　　　　彼女は音楽が好きです．
   　 S　 V　　 OD

4. 主語 S ＋ 動詞 V ＋ 間接目的語 OI

   <u>Je</u> <u>pense</u> <u>à mon avenir</u>.　　　　私は将来のことを考えている．
   　 S　 V　　 OI

   <u>Ils</u> <u>doutent</u> <u>de votre succès</u>.　　彼らはあなたの成功を疑っている．
   　 S　 V　　　 OI

5. 主語 S ＋ 動詞 V ＋ 直接目的語 OD ＋ 間接目的語 OI

   <u>Jean</u> <u>offre</u> <u>des fleurs</u> <u>à sa mère</u>.　ジャンはお母さんに花を贈る．
   　 S　 V　　 OD　　　 OI

6. 主語 S ＋ 動詞 V ＋ 直接目的語 OD ＋ 属詞 A

   <u>Je</u> <u>trouve</u> <u>ce film</u> <u>intéressant</u>.　私はこの映画を面白いと思う．
   　 S　 V　　 OD　　 A

　(S : sujet　　V : verbe　　A : attribut　　OD : objet direct　　OI : objet indirect)
以上の構成要素に状況補語などの副次的要素が加わって文が展開される．

◆ 英文法でいう補語は，フランス語文法では属詞という．フランス語文法で補語と呼ぶのは，付加詞と同格語以外のすべての副次的要素であり，〈前置詞＋名詞〉の形で名詞・形容詞・副詞を修飾する限定補語 (complément déterminatif)，動詞を修飾する副詞 (および副詞的語句) である状況補語 (complément circonstanciel)，par や de で導入される受動態の動作主補語 (complément d'agent) などがある．なお，動詞の目的語を目的補語 (complément d'objet) と呼ぶことがある．

◆ 英文法では上記の文型4に対応する文型を立てない．これは，英文法とフランス語文法で間接目的語の定義が異なるためである．フランス語の間接目的語は，前置詞 à または de のついた目的語を指す．これらの前置詞は，目的語が名詞である場合は省略されない (目的語人称代名詞や y, en などで代理する場合は前置詞なしで動詞の前に置かれる)．

Ⅱ 発　音

1. 音節

A. 綴り字上の音節

　フランス語を正しく読むためには，母音字や子音字の読み方を知るだけでは十分でない．語を綴り字上の音節に区切り，区切った音節を単位として読み方の規則を適用していく作業が必要になる．初学者がとまどうeの読み方や〈母音字 + n, m〉の読み方も，音節の切り方を知っておけば間違うことはない．

(1) 綴り字上の音節

　(a) 母音字だけでも1つの音節を作ることができる.

　(b) 子音字だけでは音節を作ることはできない．子音字は，後に母音字があればその母音字に結びつき，後に母音字がなければ前の母音字に結びつく.

　(c) 2つ以上の子音字が母音字に挟まれているときは，1つだけが後の母音字と結びつく.

　◆ 発音上は1つの母音である複母音字 (= ai, ei, au, eau, eu, ou, œu など) と，必ず一息で発音する〈i, u, ou + 母音字〉は，切り離さずに1つの母音字として扱う.

　◆ 発音上は1つの子音である複子音字 (= ch, ph, gn, th など) と，必ず一息で発音する〈子音字 (l, r, n を除く) + l または r 〉は，切り離さずに1つの子音字として扱う.

　◆ 母音字で終わる音節を (綴り字上の) 開音節，子音字で終わる音節を (綴り字上の) 閉音節という.

(2) **e**の読み方

　(a) 閉音節の e は /e/ または /ɛ/ (いずれも「エ」でよい)，開音節の e は /ə/ (軽い「ウ」) と読む.
　　mercredi (= mer-cre-di) /mɛr-krə-di/ (＊〈子音字 + r〉は切り離さない)
　　prenez (= pre-nez) /prə-ne/

　(b) ただし，単語の最後の e は続まないのがふつう (2. の「/ə/の脱落」を参照).
　　livre /liːvr/

　◆ 複数語尾の s と動詞語尾の s は綴り字の読み方に影響しない.
　　livres /liːvr/, tu chantes /ty-ʃɑ̃ːt/, vous êtes /vu-zɛt/

(3) 〈母音字 + **n, m**〉の読み方

　(a) 〈母音字 + n, m〉が同一音節にあるときは鼻母音になる.
　　un /œ̃/　*cf.* une (= u-ne) /yn/　(＊語末の e は無音なので発音上は1音節)
　　fin /fɛ̃/　*cf.* finir (= fi-nir) /fi-niːr/
　　ensemble (= en-sem-ble) /ɑ̃-sɑ̃ːbl/

　(b) ただし，n や m が連続する場合は鼻母音にならない (n や m が連続する場合は原則どおり2つの音節に分けるが，発音上は1つの /n/, /m/).
　　bonne (= bon-ne) /bɔn/　*cf.* bon /bɔ̃/
　　ils viennent (= vien-nent) /vjɛn/　*cf.* il vient /vjɛ̃/
　　immeuble (= im-meu-ble) /i-mœbl/　*cf.* impossible /ɛ̃-pɔ-sibl/

B. 発音上の音節

　発音上の音節は発話の最小単位である．フランス語では各音節が明瞭に発音されるので，初歩の段階では，ひとつひとつの音節をゆっくり，はっきり発音するような練習が有効である (いくつかの辞書の発音表記には音節の切れ目が示されている).

　発音上の音節も綴り字上の音節と同じように構成される．上の(1)の各文の「母音字」「子音字」を「母音」「子音および半母音」と読みかえれば，そのまま発音上の音節の切り方になる.

cent onze　**111**

2. /ə/ の脱落

フランス語の初学者にとって大事なことは，「綴り字上の開音節の e は「ウ」と読み，決して「エ」とは読まない」という原則をしっかり覚えることである．それさえ間違えなければコミュニケーションにさしさわりはない．事実，南フランスの言葉では母音の前以外のすべての/ə/を発音するし，標準的なフランス語でもゆっくり話す場合にはそうなる．詩の朗読や歌唱などにおいても同様である．

しかし，/ə/は「発音してもしなくてもよい」という特性をもつ母音なので，フランス人の日常会話では，いわば「経済の原則」によって，発音のしかたや意味の伝達に支障がない限りなるべく/ə/を発音しないですませてしまう．初歩の段階では無理をして/ə/を落とした発音をする必要はないが，こうした現象を知らないでいるとフランス人のふつうの発音を聞き取れず，また，いつまでたってもぎこちない発音しかできないおそれがある．したがって，「/ə/の脱落」についての基本的な知識をもち，音声教材を活用して耳と口を慣らしながら，しだいに自然な発音を身につけてゆくことが望ましい．

どのような場合に/ə/を発音し，どのような場合に発音しないかということは，地域，文体，話す速度などにより異なるが，一般的には次のような傾向がみとめられる．

(a) 連続する2つ以上の子音の後では/ə/を発音する．
mercredi /mɛr-krə-di/，appartement /a-par-tə-mɑ̃/

(b) 1つの子音の後ではふつう/ə/を発音しない．
samedi /sa-m(ə)-di/ → /sam-di/，arrondissement /a-rɔ̃-di-s(ə)-mɑ̃/ → /a-rɔ̃-dis-mɑ̃/

(c) ただし，語句や文の出だしでは1つの子音の後でも/ə/を発音することが多い．
Le musée ... /lə-my-ze.../

(d) 語句や文の終わりでは子音がいくつ連続しても/ə/を発音しないが，子音の後で口を軽く開くので弱い/ə/を添えたような感じになる．
... sur la table. /...syr-la-tabl / （実際には /tablə/ のような響き）

◆ /ə/の保持・脱落はコンテキストによって変わりうる．
la place de la Concorde /la-plas-də-la-kɔ̃-kɔrd/
l'avenue de l'Opéra /lav-nyd-lɔ-pe-ra/
une petite maison /yn-pə-tit-mɛ-zɔ̃/
la petite maison /lap-tit-mɛ-zɔ̃/

◆ 母音の直前と直後にある e は決して発音されない．
nous mangeons /nu-mɑ̃-ʒɔ̃/ musée /my-ze/

3. アンシェヌマン

「母音の間にある子音は後続の母音と結びつける」という音節構成の原則は単語の切れ目を越えて適用される．すなわち，子音で終わる単語の次に母音で始まる単語がくる場合には，前の単語の子音を次の単語の母音と結びつけて発音する．これをアンシェヌマンという．

elle‿habite /ɛ-la-bit/ avec‿une‿amie /a-vɛ-ky-na-mi/

◆ 同一リズムグループに属する語の間では必ずアンシェヌマンをする．異なるリズムグループに属する語の間でのアンシェヌマンは任意だが，一息で発音する限りはアンシェヌマンをするのが自然である：
Elle‿habite‿avec‿une‿amie. /ɛ-la-bi-ta-vɛ-ky-na-mi/

4．リエゾン

フランス語では一般に単語の最後の子音字を読まないので，綴り字上は子音字で終わっていながら発音上は母音で終わっているという単語が多い．そうした単語の次に母音で始まる単語がくると母音が連続することになるが，フランス語にはなるべく母音の連続を避けようとする傾向があるため，語末の子音字を発音して次の母音とつなげる現象が起こる．これをリエゾンという．

リエゾンをするときは，s, x, z の綴り字は /z/，d の綴り字は /t/ と発音する．その他の子音字は綴り字の読み方の原則どおりである．

　　les /le/ + amis /a-mi/ → les amis /le-za-mi/

リエゾンは朗読や演説などの改まった調子のときは多く，会話でくだけた調子になるほど少なくなる．フランス語学習の初歩の段階では，かなりくだけた会話でも必ずリエゾンをする場合と，改まった口調のときでもリエゾンをしない場合とを覚えておき，その他のケースについては，一般的な日常会話のときにならって，リエゾンをしないでおいてよいだろう．

(1) 必ずリエゾンをする場合

(a) 冠詞 名詞：des enfants

(b) 形容詞 名詞：mes amis　un grand appartement

　　◆ 単数名詞の後に形容詞がくる場合はリエゾンをしない（複数の場合はしてもよい）：un roman intéressant

(c) 副詞 形容詞：très intéressant

(d) 前置詞の後：dans un avion　en été

(e) 人称代名詞 動詞：vous êtes　Je les ai.

　　◆ 主語人称代名詞と動詞を倒置した場合でも必ずリエゾンをする：est-il

(f) être の現在3人称 est, sont の後：Il est étudiant.

(g) 成句：Champs-Élysées　tout à l'heure

(h) 接続詞 quand，関係代名詞 dont の後：quand il est venu　dont elle parle

(2) リエゾンをしない場合

(a) 主語名詞 動詞：Jean a un chien.

　　◆ アンシェヌマンはしてもよい：Paul a un chien.

(b) 接続詞 et の後：lui et elle

(c) 倒置された主語人称代名詞の後：Êtes-vous étudiant？

　　◆ アンシェヌマンは可能：Est-il étudiant？

5．エリジヨン

リエゾンと同じく母音の衝突を回避するための方策として，語末の母音字を省略し子音字だけを残すことがある．これをエリジヨンという．省略した部分には綴り字上アポストロフを入れる．

　　je + arrive → j'arrive　　le hôtel → l'hôtel

エリジヨンをするのは次にあげる代名詞，冠詞，前置詞，接続詞など10数語で，すべて綴り字上の単音節語である：je, le, la, de, ne, que, ce, me, te, se, si (s'il, s'ils のみ)

　　◆ 倒置形ではエリジヨンをしない：Dois-je attendre？　Est-ce une erreur？

6．有音のh

h で始まる語の前ではリエゾンやエリジヨンをするのがふつうだが，若干の語についてはリエゾンもエリジヨンも行なわない．こうした語の語頭の h は「有音の h」と呼ばれ，辞書では †などの印で区別してある（「有音の h」はかって h を発音していたときの名残りであって，現代フランス語では h はすべて発音しない）．

　　dans les hautes montagnes　　le héros (×l'héros)

Ⅲ 名詞と形容詞の変化

1. 名詞の複数形

単数形	複数形
-	-s　（原則）
-s	-s
-x	-x
-z	-z
-eau	-eaux
-au	-aux
-eu*	-eux
-ou*	-oux
-al*	-aux
-ail*	-aux

livre	→	livres	本
bras	=	bras	腕
prix	=	prix	値段；賞
nez	=	nez	鼻
chapeau	→	chapeaux	帽子
tuyau	→	tuyaux	管
cheveu	→	cheveux	髪の毛
bijou	→	bijoux	装身具
journal	→	journaux	新聞
travail	→	travaux	仕事

◇ 上記のうちで＊印のものは，原則どおり-s がつく語もある.

pneu	→	pneus	タイヤ	festival	→	festivals	祭典
trou	→	trous	穴	rail	→	rails	レール

◇ 複数形が特殊な形をとるものもある.

œil	→	yeux	目	madame	→	mesdames　...夫人
monsieur	→	messieurs	...氏	mademoiselle	→	mesdemoiselles　...嬢

◇ 単数形と複数形で発音が変わるものがある.

un œuf /ɶ̃-nœf/ → des œufs /de-zø/　卵　　un bœuf /ɶ̃-bœf/ → des bœufs /de-bø/　牛

2. 形容詞の複数形

◇ 形容詞の男性複数形は名詞の複数形の作り方に準じる.

petit	→	petits	小さい	beau	→	beaux　美しい
gris	=	gris	灰色の	national	→	nationaux　国の
heureux	=	heureux	幸せな			

◇ 女性複数形は女性単数形から作る.

男性単数	→	男性複数	女性単数	→	女性複数
gris		gris	grise		grises
national		nationaux	nationale		nationales

◇ bleu「青い」の複数形は bleus.

3. 形容詞の女性形

男性形	女性形
-	-e　（原則）
-e	-e
-er	-ère
-f	-ve
-eux	-euse
-el	-elle
-en	-enne
-on	-onne
-et	-ette / -ète

petit	→	petite	小さい
rouge	=	rouge	赤い
lég*er*	→	lég*ère*	軽い
acti*f*	→	acti*ve*	活動的な
heur*eux*	→	heur*euse*	幸福な
natur*el*	→	natur*elle*	自然な
ancie*n*	→	ancie*nne*	古くからある
b*on*	→	b*onne*	よい
ne*t*	→	ne*tte*	はっきりした
comple*t*	→	compl*ète*	完全な

◇ 上記のほかにも，語末の子音字を重ねて女性形を作るものがある．

bas	→	ba*sse*	低い		genti*l*	→	genti*lle*	親切な
gros	→	gro*sse*	太い		parei*l*	→	parei*lle*	同じような
épais	→	épai*sse*	厚い		nu*l*	→	nu*lle*	無の

◇ 不規則なもの.

long	→	longue	長い		frais	→	fraîche	新鮮な
blanc	→	blanche	白い		doux	→	douce	甘い
sec	→	sèche	乾いた		faux	→	fausse	間違った

◇ 男性単数第2形（母音の前で用いる）のある形容詞．女性形は第2形から作られる．

beau	/	**bel**	→	belle	美しい	fou	/	**fol**	→ folle	愚かな
nouveau	/	**nouvel**	→	nouvelle	新しい	mou	/	**mol**	→ molle	柔らかい
vieux	/	**vieil**	→	vieille	古い					

◆ 第2形があるのは単数形だけ．複数は本来の形の複数形を用いる：
un *bel* appartement / de *beaux* appartements

4. 名詞の女性形

人や動物を表わす名詞で，男・女，雄・雌を同一語の語形変化で示すものは，形容詞の女性形の作り方に準じて，男性形から女性形を作る．

étudiant	→	étudiante	学生		boulang*er*	→	boulang*ère*	パン屋
élève	=	élève	生徒		musicie*n*	→	musicie*nne*	音楽家

◇ 男性形が -eur で終わるものは -euse となる．ただし，-teur で終わる場合は -trice となることもある．

vend*eur*	→	vend*euse*	店員		act*eur*	→	act*rice*	俳優
voyag*eur*	→	voyag*euse*	旅行者		direct*eur*	→	direc*trice*	（組織の）長
chant*eur*	→	chant*euse*	歌手					

◇ enfant「子供」は男女同型．

◇ 特殊なもの.

père	父	→	mère	母		roi	王	→	reine	女王
maître	主人	→	maîtresse	女主人		héros	ヒーロー	→	héroïne	ヒロイン

Ⅳ 数　詞

1. 基数詞

0	zéro	/ze-ro/	70	soixante-dix	/swa-sɑ̃t-dis/
1	un, une	/œ̃/, /yn/	71	soixante et onze	/swa-sɑ̃-te-ɔ̃:z/
2	deux	/dø/	72	soixante-douze	/swa-sɑ̃t-du:z/
3	trois	/trwa/	…	…	
4	quatre	/katr/	80	quatre-vingts	/ka-trə-vɛ̃/
5	cinq	/sɛ̃:k/	81	quatre-vingt-un	/ka-trə-vɛ̃-œ̃ [yn]/
6	six	/sis/	82	quatre-vingt-deux	/ka-trə-vɛ̃-dø/
7	sept	/sɛt/	…	…	
8	huit	/ɥit/	90	quatre-vingt-dix	/ka-trə-vɛ̃-dis/
9	neuf	/nœf/	91	quatre-vingt-onze	/ka-trə-vɛ̃-ɔ̃:z/
10	dix	/dis/	92	quatre-vingt-douze	/ka-trə-vɛ̃-du:z/
11	onze	/ɔ̃:z/	…	…	
12	douze	/du:z/	97	quatre-vingt-dix-sept	/ka-trə-vɛ̃-di(s)-sɛt/
13	treize	/trɛ:z/	…	…	
14	quatorze	/ka-tɔrz/	100	cent	/sɑ̃/
15	quinze	/kɛ̃:z/	101	cent un(e)	/sɑ̃-œ̃ [yn]/
16	seize	/sɛ:z/	102	cent deux	/sɑ̃-dø/
17	dix-sept	/di(s)-sɛt/	…	…	
18	dix-huit	/di-zɥit/	200	deux cents	/dø-sɑ̃/
19	dix-neuf	/diz-nœf/	201	deux cent un(e)	/dø-sɑ̃-œ̃ [yn]/
20	vingt	/vɛ̃/	…	…	
21	vingt et un(e)	/vɛ̃-te-œ̃ [yn]/	1.000	mille	/mil/
22	vingt-deux	/vɛ̃t-dø/	1.110	mille cent dix	/mil-sɑ̃-dis/
…	…		…	…	
30	trente	/trɑ̃:t/	2.000	deux mille	/dø-mil/
31	trente et un(e)	/trɑ̃-te-œ̃ [yn]/
32	trente-deux	/trɑ̃t-dø/
…	…	
40	quarante	/ka-rɑ̃:t/		10.000	dix mille	/di-mil/
41	quarante et un(e)	/ka-rɑ̃-te-œ̃ [yn]/		100.000	cent mille	/sɑ̃-mil/
…	…			1.000.000	un million	/œ̃-mi-ljɔ̃/
50	cinquante	/sɛ̃-kɑ̃:t/		10.000.000	dix millions	/di-mi-ljɔ̃/
51	cinquante et un(e)	/sɛ̃-kɑ̃-te-œ̃ [yn]/		100.000.000	cent millions	/sɑ̃-mi-ljɔ̃/
…	…			1.000.000.000	un milliard	/œ̃-mi-lja:r/
60	soixante	/swa-sɑ̃:t/		10.000.000.000	dix milliards	/di-mi-lja:r/
61	soixante et un(e)	/swa-sɑ̃-te-œ̃ [yn]/		100.000.000.000	cent milliards	/sɑ̃-mi-lja:r/
				1.000.000.000.000	un billion	/œ̃-bi-ljɔ̃/

＊zéroは厳密には数詞ではないが，数詞と同様に用いることができる.

(1) 発音についての注意

左ページの発音表記は数詞を単独で発音する場合のものである．同一リズムグループ内で数詞の後に他の語句が続く場合は次のようになる．

		子音の前	母音の前			子音の前	母音の前
1	un	/œ̃/	/œ̃-n/	6	six	/si/	/si-z/
	une	/yn/	/y-n/	7	sept	/sɛt/	/sɛ-t/
2	deux	/dø/	/dø-z/	8	huit	/ɥi/	/ɥi-t/
3	trois	/trwa/	/trwa-z/	9	neuf	/nœf/	/nœ-f/, /nœ-v/
4	quatre	/ka-trə/	/ka-tr/	10	dix	/di/	/di-z/
5	cinq	/sɛ̃k/, /sɛ̃/	/sɛ̃-k/	20	vingt	/vɛ̃/	/vɛ̃-t/

- 子音の前で語末子音が発音されなくなる数詞：(cinq), six, huit, dix.
    - ◆cinq は /sɛ̃k/, /sɛ̃/ のいずれの発音でもよい．
- 母音の前でアンシェヌマンをする数詞：une, quatre, cinq, sept, huit, neuf.
    - ◆neuf は ans, heures の前でだけ /nœ-v/.
- 母音の前でリエゾンをする数詞：un, deux, trois, six, dix, vingt
    - ◆deux, six, dix の語末のx はリエゾンで /z/ と発音する．
- 8, 11の前ではリエゾンもエリジヨンもしない：

    les huit femmes /le-ɥi-fam/, le huit /lə-ɥit/ ; les onze hommes /le-ɔ̃-zɔm/, le onze /lə-ɔ̃:z/.

- 18, 19での dix は /diz/, 17での dix は /dis/ でも /di/ でもよい．
- 21〜29での vingt は /vɛ̃t/．80〜99に含まれる vingt(s) は /vɛ̃/.
- cent un(e) はリエゾンをしない．

(2) 綴りについての注意

- 女性形があるのは un(e) とそれを含む数だけ．
- 21, 31, 41, 51, 61, 71 は et un(e) となり，それ以外の17 から99 までの数は，構成する各語を ハイフンで結ぶ．
- 80 は「20の4倍」の意味なので vingt に s がつく．200 以上の cent も複数形をとる．ただし端数を伴うとき，mille の前，序数詞の代用をするときは，s をつけない．
- 100, 1000 は単に cent, mille であって，un はつかない．
- mille は不変．
- million, milliard, billion は名詞であり，後に名詞を続けるときは de が必要．ただし100万以下の端数がつくときは de は不要：

    trois millions d'euros　　　　　　　300 万ユーロ

    trois millions trois cent mille euros　330 万ユーロ

- 千ごとに単位を区切るときはピリオドを用いるか，間を一字分あける．小数点はコンマで表わす：

    1.234.500 = 1 234 500　(un million deux cent trente-quatre mille cinq cents)

    0,6　(zéro virgule six)

    17,89　(dix-sept virgule quatre-vingt-neuf)

2. 序数詞

1er	premier	14^e	quatorzième	60^e	soixantième
1ère	première	15^e	quinzième	61^e	soixante et unième
2^e	deuxième	16^e	seizième	70^e	soixante-dixième
3^e	troisième	17^e	dix-septième	71^e	soixante et onzième
4^e	quatrième	18^e	dix-huitième	80^e	quatre-vingtième
5^e	cinquième	19^e	dix-neuvième	81^e	quatre-vingt-unième
6^e	sixième	20^e	vingtième	90^e	quatre-vingt-dixième
7^e	septième	21^e	vingt et unième	91^e	quatre-vingt-onzième
8^e	huitième	30^e	trentième	100^e	centième
9^e	neuvième	31^e	trente et unième	101^e	cent unième
10^e	dixième	40^e	quarantième	110^e	cent dixième
11^e	onzième	41^e	quarante et unième	200^e	deux-centième
12^e	douzième	50^e	cinquantième	1.000^e	millième
13^e	treizième	51^e	cinquante et unième	1.000.000^e	millionième

◆ 序数詞は原則として〈基数詞 + ième〉．ただし基数詞が e で終わるものは e を省く．また cinq には u を入れ，neuf の f は v に変える．

◆「第1」は premier, première だが，21 以降の un (e) のつくものは unième.

◆「第2」は second(e) /sə-gɔ̃(:d)/ も用いられる．

◆ 序数詞の女性形に -ment をつけて副詞を作ることができる：
*premiè*rement, *deuxième*ment [*seconde*ment], *troisième*ment , *etc.*

3. 数詞の用法

基数詞は，一般に個数を表わすが，次のような場合は，序数詞の代わりに用いられて，順序を表わす．

● 年号・日付・時刻など

l'an mille sept cent quatre-vingt-neuf (dix-sept cent. ... ともいう) 1789年

le quatorze juillet 7月14日 　　　 à trois heures 3時に

　◆ 西暦年号を表わす場合は mille を mil と綴ることもある．

　◆ 日付は1日に限り序数詞を使う：le 1er mai 5月1日

● 君主・帝王・教皇の称号など

Louis XIV ルイ14 世 　　　 Jean-Paul II ヨハネ・パウロ 2 世

　◆ 1世の場合のみ序数詞を用いる：Napoléon Ier ナポレオン1 世

● 番号，書物の巻・章・ページ，芝居の幕・場など

01-42-16-27-80 ((le) zéro un, quarante-deux, seize, vingt-sept, quatre-vingts)

（＊電話番号は2桁ずつ区切って読む．）

page 15 第15ページ 　　　 chapitre 2 第2章 　　　 acte III 第3幕

序数詞を用いるのは，前記の「1日」，「1世」以外に，建物の階，（パリの）第…区，…世紀など．

le 1er (premier) étage 2階 　　　 le 2e (deuxième) étage 3階

le VIe (sixième) arrondissement 6区 　　　 le XXIe (vingt et unième) siècle 21世紀

4. 概数

dizaine	約10	huitaine	約8	centaine	約100
vingtaine	約20	douzaine	約12	millier	約1000
trentaine	約30	quinzaine	約15		
quarantaine	約40				

- ◆ 概数は原則として〈基数詞＋aine〉．ただし dix の x は z に変える．
- ◆ 概数は名詞であり（millier のみ男性，他は女性名詞），後に名詞を続けるときは de が必要：
  une vingtaine d'étudiants　20人ほどの学生　　un millier de livres　約1000冊の本
- ◆ douzaine は1ダース（半ダースは demi-douzaine），huitaine, quinzaine は1週間，2週間の意味で用いられる
  ことが多い：une douzaine d'œufs　1ダースの卵　　dans une huitaine　1週間後に

5. 数に関する表現

(1) 分数

$\frac{1}{2}$ un demi, la moitié,　$\frac{1}{3}$ un tiers,　$\frac{1}{4}$ un quart,　$\frac{3}{4}$ trois quarts

- ◆ 分母が5以上になると序数詞を用いる：$\frac{4}{5}$ quatre cinquièmes
- ◆ 分子，分母がともに大きな数の場合には，基数詞を用いて〈分子 sur 分母〉で表わす：$\frac{11}{35}$ onze sur trente-cinq

(2) 加減乗除

$2+3=5$　　　Deux et trois font cinq. ; Deux plus trois égale(nt) cinq.

- ◆ 動詞を省略することもある．

$6-2=4$　　　Six moins deux font [égale(nt)] quatre.
$3\times2=6$　　　Trois fois deux font six.
$12\div3=4$　　　Douze divisé par trois égale(nt) quatre.

(3) パーセンテージ

15%　　　　quinze pour cent

（参考）ローマ数字の表記

ローマ数字	I	II	III	IV	V	VI	VII	VIII	IX	X
アラビア数字	1	2	3	4	5	6	7	8	9	10
ローマ数字	XI	XII	XIII	XIV	XV	XVI	XVII	XVIII	XIX	XX
アラビア数字	11	12	13	14	15	16	17	18	19	20
ローマ数字	XXX	XL	L	LX	LXX	LXXX	XC	C	D	M
アラビア数字	30	40	50	60	70	80	90	100	500	1000

- ◆ I (1), V (5), X (10), L (50), C (100), D (500), M (1000) 以外の数字は，これらの記号を組み合わせて表わす．大き
  な数に加える数を右側に添えるが，4と9および40，90などは減じる数を左側に添える．
- ◆ 大きな数字から順に書き，記号の数字をすべて足したものが表示する数になる．　例：MDCCLXXXIX = 1789

V 動詞活用のしくみ

単純時制の活用語尾と相互関係 （＊表の矢印は語幹の関連性を示している）

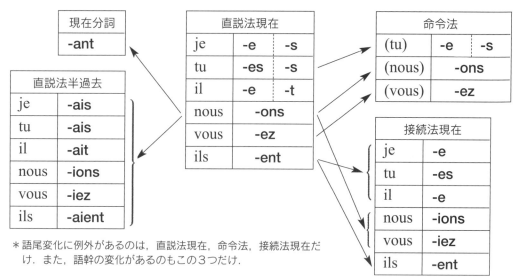

＊語尾変化に例外があるのは，直説法現在，命令法，接続法現在だけ．また，語幹の変化があるのもこの3つだけ．

　現在分詞は，直説法現在1人称複数 (nous) の語尾 -ons を -ant に変えて作ることができる（例外は être, avoir, savoir）.

　直説法半過去は，直説法現在1人称複数 (nous) の語尾 -ons を半過去語尾に変えて作ることができる（例外は être）.

　命令法は，直説法現在の2人称単数 (tu)，1人称複数 (nous)，2人称複数 (vous) から，それぞれの主語を取り去って作ることができる（ただし，tu -es → -e, tu vas → va）. avoir, être, savoir, vouloir は接続法現在から作ることができる.

　接続法現在については，強形 (=je, tu, il, ils) は直説法現在3人称複数 (ils) から，弱形 (nous, vous) は直説法現在の1人称複数 (nous) から作ることができる (avoir, être, faire, savoir, pouvoir, vouloir などの例外がある).

不定詞	-er, -ir, -re, -oir

↓

	直説法単純未来	条件法現在
je	-rai	-rais
tu	-ras	-rais
il	-ra	-rait
nous	-rons	-rions
vous	-rez	-riez
ils	-ront	-raient

過去分詞	-é, -i, -u, -s, -t

↓

	直説法単純過去		接続法半過去
je	-ai	-..s	-..sse
tu	-as	-..s	-..sses
il	-a	-..t	-..t̂
nous	-âmes	-̂mes	-..ssions
vous	-âtes	-̂tes	-..ssiez
ils	-èrent	-..rent	-..ssent

＊上記の叙法・時制においては語尾変化に例外はない．語幹も変化しない.

　直説法単純未来と**条件法現在**の語幹は同一（例外なし）で，不定詞から作ることができる．ただし，不規則なものがかなりある（特に -oir 型動詞）.

　直説法単純過去と**接続法半過去**の語幹は同一（例外なし）で，多くは，過去分詞から作ることができる.

単純時制と複合時制（単純形と複合形）

		単純時制	複合時制				
直説法	現在	複合過去	＝	助動詞の直説法現在	＋	過去分詞
	半過去	大過去	＝	助動詞の直説法半過去	＋	過去分詞
	単純未来	前未来	＝	助動詞の直説法単純未来	＋	過去分詞
	単純過去	前過去	＝	助動詞の直説法単純過去	＋	過去分詞
条件法	現在	過去	＝	助動詞の条件法現在	＋	過去分詞
接続法	現在	過去	＝	助動詞の接続法現在	＋	過去分詞
	半過去	大過去	＝	助動詞の接続法半過去	＋	過去分詞
命令法	現在	過去	＝	助動詞の命令法現在	＋	過去分詞
不定詞	単純形	複合形	＝	助動詞の不定詞単純形	＋	過去分詞
分詞	現在分詞	複合形	＝	助動詞の現在分詞	＋	過去分詞

動詞活用表　目次

不定詞 現在分詞 過去分詞	直説法現在	命令法現在	直説法半過去	接続法現在
1. être étant été	je suis tu es il est n. sommes v. êtes ils sont	sois soyons soyez	j' étais tu étais il était n. étions v. étiez ils étaient	je sois tu sois il soit n. soyons v. soyez ils soient
2. avoir ayant eu /y/	j' ai tu as il a n. avons v. avez ils ont	aie ayons ayez	j' avais tu avais il avait n. avions v. aviez ils avaient	j' aie tu aies il ait n. ayons v. ayez ils aient
3. chanter chantant chanté	je chante tu chantes il chante n. chantons v. chantez ils chantent	chante chantons chantez	je chantais tu chantais il chantait n. chantions v. chantiez ils chantaient	je chante tu chantes il chante n. chantions v. chantiez ils chantent
4. commencer commençant commencé	je commence tu commences il commence n. commençons v. commencez ils commencent	commence commençons commencez	je commençais tu commençais il commençait n. commencions v. commenciez ils commençaient	je commence tu commences il commence n. commencions v. commenciez ils commencent
5. manger mangeant mangé	je mange tu manges il mange n. mangeons v. mangez ils mangent	mange mangeons mangez	je mangeais tu mangeais il mangeait n. mangions v. mangiez ils mangeaient	je mange tu manges il mange n. mangions v. mangiez ils mangent
6. acheter achetant acheté	j' achète tu achètes il achète n. achetons v. achetez ils achètent	achète achetons achetez	j' achetais tu achetais il achetait n. achetions v. achetiez ils achetaient	j' achète tu achètes il achète n. achetions v. achetiez ils achètent
7. appeler appelant appelé	j' appelle tu appelles il appelle n. appelons v. appelez ils appellent	appelle appelons appelez	j' appelais tu appelais il appelait n. appelions v. appeliez ils appelaient	j' appelle tu appelles il appelle n. appelions v. appeliez ils appellent
8. espérer espérant espéré	j' espère tu espères il espère n. espérons v. espérez ils espèrent	espère espérons espérez	j' espérais tu espérais il espérait n. espérions v. espériez ils espéraient	j' espère tu espères il espère n. espérions v. espériez ils espèrent

直説法単純未来	条件法現在	直説法単純過去	接続法半過去	同型の動詞・備考
je serai tu seras il sera n. serons v. serez ils seront	je serais tu serais il serait n. serions v. seriez ils seraient	je fus tu fus il fut n. fûmes v. fûtes ils furent	je fusse tu fusses il fût n. fussions v. fussiez ils fussent	
j' aurai tu auras il aura n. aurons v. aurez ils auront	j' aurais tu aurais il aurait n. aurions v. auriez ils auraient	j' eus tu eus il eut n. eûmes v. eûtes ils eurent	j' eusse tu eusses il eût n. eussions v. eussiez ils eussent	
je chanterai tu chanteras il chantera n. chanterons v. chanterez ils chanteront	je chanterais tu chanterais il chanterait n. chanterions v. chanteriez ils chanteraient	je chantai tu chantas il chanta n. chantâmes v. chantâtes ils chantèrent	je chantasse tu chantasses il chantât n. chantassions v. chantassiez ils chantassent	-er動詞（第1群規則動詞）と呼ばれる.
je commencerai tu commenceras il commencera n. commencerons v. commencerez ils commenceront	je commencerais tu commencerais il commencerait n. commencerions v. commenceriez ils commenceraient	je commençai tu commenças il commença n. commençâmes v. commençâtes ils commencèrent	je commençasse tu commençasses il commençât n. commençassions v. commençassiez ils commençassent	-cer で終わる動詞: annoncer, avancer, balancer, effacer, forcer, lancer, menacer, placer, prononcer, renoncer
je mangerai tu mangeras il mangera n. mangerons v. mangerez ils mangeront	je mangerais tu mangerais il mangerait n. mangerions v. mangeriez ils mangeraient	je mangeai tu mangeas il mangea n. mangeâmes v. mangeâtes ils mangèrent	je mangeasse tu mangeasses il mangeât n. mangeassions v. mangeassiez ils mangeassent	-ger で終わる動詞: arranger, changer, déranger, nager, neiger, obliger, partager, plonger, ranger, voyager
j' achèterai tu achèteras il achètera n. achèterons v. achèterez ils achèteront	j' achèterais tu achèterais il achèterait n. achèterions v. achèteriez ils achèteraient	j' achetai tu achetas il acheta n. achetâmes v. achetâtes ils achetèrent	j' achetasse tu achetasses il achetât n. achetassions v. achetassiez ils achetassent	-e□erで終わる動詞の多く: achever, crever, élever, emmener, lever, mener, peser, promener
j' appellerai tu appelleras il appellera n. appellerons v. appellerez ils appelleront	j' appellerais tu appellerais il appellerait n. appellerions v. appelleriez ils appelleraient	j' appelai tu appelas il appela n. appelâmes v. appelâtes ils appelèrent	j' appelasse tu appelasses il appelât n. appelassions v. appelassiez ils appelassent	-eler, -eterで終わる動詞の大部分: épeler, geler, rappeler, renouveler, feuilleter, jeter, projeter, rejeter
j' espérerai tu espéreras il espérera n. espérerons v. espérerez ils espéreront	j' espérerais tu espérerais il espérerait n. espérerions v. espéreriez ils espéreraient	j' espérai tu espéras il espéra n. espérâmes v. espérâtes ils espérèrent	j' espérasse tu espérasses il espérât n. espérassions v. espérassiez ils espérassent	-é□er で終わる動詞: céder, considérer, désespérer, exagérer, inquiéter, pénétrer, posséder, préférer, régler, répéter

不定詞 　現在分詞 　　過去分詞	直説法現在	命令法現在	直説法半過去	接続法現在
9. payer 　payant 　payé	je paie tu paies il paie n. payons v. payez ils paient je paye tu payes il paye n. payons v. payez ils payent	paie payons payez paye payons payez	je payais tu payais il payait n. payions v. payiez ils payaient	je paie tu paies il paie n. payions v. payiez ils paient je paye tu payes il paye n. payions v. payiez ils payent
10. essuyer 　essuyant 　essuyé	j' essuie tu essuies il essuie n. essuyons v. essuyez ils essuient	essuie essuyons essuyez	j' essuyais tu essuyais il essuyait n. essuyions v. essuyiez ils essuyaient	j' essuie tu essuies il essuie n. essuyions v. essuyiez ils essuient
11. nettoyer 　nettoyant 　nettoyé	je nettoie tu nettoies il nettoie n. nettoyons v. nettoyez ils nettoient	nettoie nettoyons nettoyez	je nettoyais tu nettoyais il nettoyait n. nettoyions v. nettoyiez ils nettoyaient	je nettoie tu nettoies il nettoie n. nettoyions v. nettoyiez ils nettoient
12. envoyer 　envoyant 　envoyé	j' envoie tu envoies il envoie n. envoyons v. envoyez ils envoient	envoie envoyons envoyez	j' envoyais tu envoyais il envoyait n. envoyions v. envoyiez ils envoyaient	j' envoie tu envoies il envoie n. envoyions v. envoyiez ils envoient
13. aller 　allant 　allé	je vais tu vas il va n. allons v. allez ils vont	va allons allez	j' allais tu allais il allait n. allions v. alliez ils allaient	j' aille tu ailles il aille n. allions v. alliez ils aillent
14. finir 　finissant 　fini	je finis tu finis il finit n. finissons v. finissez ils finissent	finis finissons finissez	je finissais tu finissais il finissait n. finissions v. finissiez ils finissaient	je finisse tu finisses il finisse n. finissions v. finissiez ils finissent
15. partir 　partant 　parti	je pars tu pars il part n. partons v. partez ils partent	pars partons partez	je partais tu partais il partait n. partions v. partiez ils partaient	je parte tu partes il parte n. partions v. partiez ils partent

直説法単純未来	条件法現在	直説法単純過去	接続法半過去	同型の動詞・備考
je paierai tu paieras il paiera n. paierons v. paierez ils paieront	je paierais tu paierais il paierait n. paierions v. paieriez ils paieraient	je payai tu payas il paya n. payâmes v. payâtes ils payèrent	je payasse tu payasses il payât n. payassions v. payassiez ils payassent	-ayer で終わる動詞： balayer, effrayer, essayer, rayer
je payerai tu payeras il payera n. payerons v. payerez ils payeront	je payerais tu payerais il payerait n. payerions v. payeriez ils payeraient			
j' essuierai tu essuieras il essuiera n. essuierons v. essuierez ils essuieront	j' essuierais tu essuierais il essuierait n. essuierions v. essuieriez ils essuieraient	j' essuyai tu essuyas il essuya n. essuyâmes v. essuyâtes ils essuyèrent	j' essuyasse tu essuyasses il essuyât n. essuyassions v. essuyassiez ils essuyassent	-uyer で終わる動詞： appuyer, ennuyer
je nettoierai tu nettoieras il nettoiera n. nettoierons v. nettoierez ils nettoieront	je nettoierais tu nettoierais il nettoierait n. nettoierions v. nettoieriez ils nettoieraient	je nettoyai tu nettoyas il nettoya n. nettoyâmes v. nettoyâtes ils nettoyèrent	je nettoyasse tu nettoyasses il nettoyât n. nettoyassions v. nettoyassiez ils nettoyassent	-oyer で終わる動詞： aboyer, employer, noyer, tutoyer, vouvoyer
j' enverrai tu enverras il enverra n. enverrons v. enverrez ils enverront	j' enverrais tu enverrais il enverrait n. enverrions v. enverriez ils enverraient	j' envoyai tu envoyas il envoya n. envoyâmes v. envoyâtes ils envoyèrent	j' envoyasse tu envoyasses il envoyât n. envoyassions v. envoyassiez ils envoyassent	renvoyer
j' irai tu iras il ira n. irons v. irez ils iront	j' irais tu irais il irait n. irions v. iriez ils iraient	j' allai tu allas il alla n. allâmes v. allâtes ils allèrent	j' allasse tu allasses il allât n. allassions v. allassiez ils allassent	
je finirai tu finiras il finira n. finirons v. finirez ils finiront	je finirais tu finirais il finirait n. finirions v. finiriez ils finiraient	je finis tu finis il finit n. finîmes v. finîtes ils finirent	je finisse tu finisses il finît n. finissions v. finissiez ils finissent	第2群規則動詞ともいう. applaudir, choisir, fleurir, grossir, jaunir, maigrir, obéir, réfléchir, réussir, rougir
je partirai tu partiras il partira n. partirons v. partirez ils partiront	je partirais tu partirais il partirait n. partirions v. partiriez ils partiraient	je partis tu partis il partit n. partîmes v. partîtes ils partirent	je partisse tu partisses il partît n. partissions v. partissiez ils partissent	-mir, -tir, -vir で終わる 動詞の大部分： dormir, endormir, consentir, mentir, sentir, sortir, desservir, servir

不定詞 現在分詞 過去分詞	直説法現在	命令法現在	直説法半過去	接続法現在
16. ouvrir ouvrant ouvert	j' ouvre tu ouvres il ouvre n. ouvrons v. ouvrez ils ouvrent	ouvre ouvrons ouvrez	j' ouvrais tu ouvrais il ouvrait n. ouvrions v. ouvriez ils ouvraient	j' ouvre tu ouvres il ouvre n. ouvrions v. ouvriez ils ouvrent
17. cueillir cueillant cueilli	je cueille tu cueilles il cueille n. cueillons v. cueillez ils cueillent	cueille cueillons cueillez	je cueillais tu cueillais il cueillait n. cueillions v. cueilliez ils cueillaient	je cueille tu cueilles il cueille n. cueillions v. cueilliez ils cueillent
18. courir courant couru	je cours tu cours il court n. courons v. courez ils courent	cours courons courez	je courais tu courais il courait n. courions v. couriez ils couraient	je coure tu coures il coure n. courions v. couriez ils courent
19. fuir fuyant fui	je fuis tu fuis il fuit n. fuyons v. fuyez ils fuient	fuis fuyons fuyez	je fuyais tu fuyais il fuyait n. fuyions v. fuyiez ils fuyaient	je fuie tu fuies il fuie n. fuyions v. fuyiez ils fuient
20. mourir mourant mort	je meurs tu meurs il meurt n. mourons v. mourez ils meurent	meurs mourons mourez	je mourais tu mourais il mourait n. mourions v. mouriez ils mouraient	je meure tu meures il meure n. mourions v. mouriez ils meurent
21. venir venant venu	je viens tu viens il vient n. venons v. venez ils viennent	viens venons venez	je venais tu venais il venait n. venions v. veniez ils venaient	je vienne tu viennes il vienne n. venions v. veniez ils viennent
22. acquérir acquérant aquis	j' acquiers tu acquiers il acquiert n. acquérons v. acquérez ils acquièrent	acquiers acquérons acquérez	j' acquérais tu acquérais il acquérait n. acquérions v. acquériez ils acquéraient	j' acquière tu acquières il acquière n. acquérions v. acquériez ils acquièrent
23. prendre prenant pris	je prends tu prends il prend n. prenons v. prenez ils prennent	prends prenons prenez	je prenais tu prenais il prenait n. prenions v. preniez ils prenaient	je prenne tu prennes il prenne n. prenions v. preniez ils prennent

直説法単純未来	条件法現在	直説法単純過去	接続法半過去	同型の動詞・備考
j' ouvrirai tu ouvriras il ouvrira n. ouvrirons v. ouvrirez ils ouvriront	j' ouvrirais tu ouvrirais il ouvrirait n. ouvririons v. ouvririez ils ouvriraient	j' ouvris tu ouvris il ouvrit n. ouvrîmes v. ouvrîtes ils ouvrirent	j' ouvrisse tu ouvrisses il ouvrît n. ouvrissions v. ouvrissiez ils ouvrissent	couvrir, découvrir, entrouvrir, offrir, recouvrir, rouvrir, souffrir
je cueillerai tu cueilleras il cueillera n. cueillerons v. cueillerez ils cueilleront	je cueillerais tu cueillerais il cueillerait n. cueillerions v. cueilleriez ils cueilleraient	je cueillis tu cueillis il cueillit n. cueillîmes v. cueillîtes ils cueillirent	je cueillisse tu cueillisses il cueillît n. cueillissions v. cueillissiez ils cueillissent	cueillir の派生動詞: accueillir, recueillir
je courrai tu courras il courra n. courrons v. courrez ils courront	je courrais tu courrais il courrait n. courrions v. courriez ils courraient	je courus tu courus il courut n. courûmes v. courûtes ils coururent	je courusse tu courusses il courût n. courussions v. courussiez ils courussent	courir の派生動詞: accourir, concourir, parcourir, secourir
je fuirai tu fuiras il fuira n. fuirons v. fuirez ils fuiront	je fuirais tu fuirais il fuirait n. fuirions v. fuiriez ils fuiraient	je fuis tu fuis il fuit n. fuîmes v. fuîtes ils fuirent	je fuisse tu fuisses il fuît n. fuissions v. fuissiez ils fuissent	s'enfuir
je mourrai tu mourras il mourra n. mourrons v. mourrez ils mourront	je mourrais tu mourrais il mourrait n. mourrions v. mourriez ils mourraient	je mourus tu mourus il mourut n. mourûmes v. mourûtes ils moururent	je mourusse tu mourusses il mourût n. mourussions v. mourussiez ils mourussent	
je viendrai tu viendras il viendra n. viendrons v. viendrez ils viendront	je viendrais tu viendrais il viendrait n. viendrions v. viendriez ils viendraient	je vins tu vins il vint n. vînmes v. vîntes ils vinrent	je vinsse tu vinsses il vînt n. vinssions v. vinssiez ils vinssent	venir, tenir とその派生動詞: devenir, prévenir, revenir, souvenir, appartenir, contenir, obtenir, retenir, soutenir
j' acquerrai tu acquerras il acquerra n. acquerrons v. acquerrez ils acquerront	j' acquerrais tu acquerrais il acquerrait n. acquerrions v. acquerriez ils acquerraient	j' acquis tu acquis il acquit n. acquîmes v. acquîtes ils acquirent	j' acquisse tu acquisses il acquît n. acquissions v. acquissiez ils acquissent	quérir とその派生動詞: conquérir, s'enquérir
je prendrai tu prendras il prendra n. prendrons v. prendrez ils prendront	je prendrais tu prendrais il prendrait n. prendrions v. prendriez ils prendraient	je pris tu pris il prit n. prîmes v. prîtes ils prirent	je pris tu pris il prît n. prissions v. prissiez ils prissent	prendre の派生動詞: apprendre, comprendre, reprendre, surprendre

不定詞 現在分詞 過去分詞	直説法現在	命令法現在	直説法半過去	接続法現在
24. entendre entendant entendu	j' entends tu entends il entend n. entendons v. entendez ils entendent	entends entendons entendez	j' entendais tu entendais il entendait n. entendions v. entendiez ils entendaient	j' entende tu entendes il entende n. entendions v. entendiez ils entendent
25. peindre peignant peint	je peins tu peins il peint n. peignons v. peignez ils peignent	peins peignons peignez	je peignais tu peignais il peignait n. peignions v. peigniez ils peignaient	je peigne tu peignes il peigne n. peignions v. peigniez ils peignent
26. mettre mettant mis	je mets tu mets il met n. mettons v. mettez ils mettent	mets mettons mettez	je mettais tu mettais il mettait n. mettions v. mettiez ils mettaient	je mette tu mettes il mette n. mettions v. mettiez ils mettent
27. battre battant battu	je bats tu bats il bat n. battons v. battez ils battent	bats battons battez	je battais tu battais il battait n. battions v. battiez ils battaient	je batte tu battes il batte n. battions v. battiez ils battent
28. vaincre vainquant vaincu	je vaincs tu vaincs il vainc n. vainquons v. vainquez ils vainquent	vaincs vainquons vainquez	je vainquais tu vainquais il vainquait n. vainquions v. vainquiez ils vainquaient	je vainque tu vainques il vainque n. vainquions v. vainquiez ils vainquent
29. coudre cousant cousu	je couds tu couds il coud n. cousons v. cousez ils cousent	couds cousons cousez	je cousais tu cousais il cousait n. cousions v. cousiez ils cousaient	je couse tu couses il couse n. cousions v. cousiez ils cousent
30. connaître connaissant connu	je connais tu connais il connaît n. connaissons v. connaissez ils connaissent	connais connaissons connaissez	je connaissais tu connaissais il connaissait n. connaissions v. connaissiez ils connaissaient	je connaisse tu connaisses il connaisse n. connaissions v. connaissiez ils connaissent
31. naître naissant né	je nais tu nais il naît n. naissons v. naissez ils naissent	nais naissons naissez	je naissais tu naissais il naissait n. naissions v. naissiez ils naissaient	je naisse tu naisses il naisse n. naissions v. naissiez ils naissent

直説法単純未来	条件法現在	直説法単純過去	接続法半過去	同型の動詞・備考
j' entendrai tu entendras il entendra n. entendrons v. entendrez ils entendront	j' entendrais tu entendrais il entendrait n. entendrions v. entendriez ils entendraient	j' entendis tu entendis il entendit n. entendîmes v. entendîtes ils entendirent	j' entendisse tu entendisses il entendît n. entendissions v. entendissiez ils entendissent	-endre, -andre, -ondre, -rdre で終わる動詞：attendre, défendre, descendre, rendre, vendre, répandre, répondre, mordre, perdre
je peindrai tu peindras il peindra n. peindrons v. peindrez ils peindront	je peindrais tu peindrais il peindrait n. peindrions v. peindriez ils peindraient	je peignis tu peignis il peignit n. peignîmes v. peignîtes ils peignirent	je peignisse tu peignisses il peignît n. peignissions v. peignissiez ils peignissent	-aindre, -eindre, -oindre で終わる動詞：craindre, plaindre, atteindre, éteindre, joindre, rejoindre
je mettrai tu mettras il mettra n. mettrons v. mettrez ils mettront	je mettrais tu mettrais il mettrait n. mettrions v. mettriez ils mettraient	je mis tu mis il mit n. mîmes v. mîtes ils mirent	je misse tu misses il mît n. missions v. missiez ils missent	mettre の派生動詞：admettre, commettre, permettre, promettre, remettre, soumettre, transmettre
je battrai tu battras il battra n. battrons v. battrez ils battront	je battrais tu battrais il battrait n. battrions v. battriez ils battraient	je battis tu battis il battit n. battîmes v. battîtes ils battirent	je battisse tu battisses il battît n. battissions v. battissiez ils battissent	battre の派生動詞：abattre, combattre
je vaincrai tu vaincras il vaincra n. vaincrons v. vaincrez ils vaincront	je vaincrais tu vaincrais il vaincrait n. vaincrions v. vaincriez ils vaincraient	je vainquis tu vainquis il vainquit n. vainquîmes v. vainquîtes ils vainquirent	je vainquisse tu vainquisses il vainquît n. vainquissions v. vainquissiez ils vainquissent	convaincre
je coudrai tu coudras il coudra n. coudrons v. coudrez ils coudront	je coudrais tu coudrais il coudrait n. coudrions v. coudriez ils coudraient	je cousis tu cousis il cousit n. cousîmes v. cousîtes ils cousirent	je cousisse tu cousisses il cousît n. cousissions v. cousissiez ils cousissent	coudre の派生動詞：découdre, recoudre
je connaîtrai tu connaîtras il connaîtra n. connaîtrons v. connaîtrez ils connaîtront	je connaîtrais tu connaîtrais il connaîtrait n. connaîtrions v. connaîtriez ils connaîtraient	je connus tu connus il connut n. connûmes v. connûtes ils connurent	je connusse tu connusses il connût n. connussions v. connussiez ils connussent	connaître, paraître とその派生動詞：méconnaître, reconnaître, apparaître, disparaître
je naîtrai tu naîtras il naîtra n. naîtrons v. naîtrez ils naîtront	je naîtrais tu naîtrais il naîtrait n. naîtrions v. naîtriez ils naîtraient	je naquis tu naquis il naquit n. naquîmes v. naquîtes ils naquirent	je naquisse tu naquisses il naquît n. naquissions v. naquissiez ils naquissent	renaître

不定詞 現在分詞 過去分詞	直説法現在	命令法現在	直説法半過去	接続法現在
32. lire lisant lu	je lis tu lis il lit n. lisons v. lisez ils lisent	lis lisons lisez	je lisais tu lisais il lisait n. lisions v. lisiez ils lisaient	je lise tu lises il lise n. lisions v. lisiez ils lisent
33. suffire suffisant suffi	je suffis tu suffis il suffit n. suffisons v. suffisez ils suffisent	suffis suffisons suffisez	je suffisais tu suffisais il suffisait n. suffisions v. suffisiez ils suffisaient	je suffise tu suffises il suffise n. suffisions v. suffisiez ils suffisent
34. dire disant dit	je dis tu dis il dit n. disons v. dites ils disent	dis disons dites	je disais tu disais il disait n. disions v. disiez ils disaient	je dise tu dises il dise n. disions v. disiez ils disent
35. conduire conduisant conduit	je conduis tu conduis il conduit n. conduisons v. conduisez ils conduisent	conduis conduisons conduisez	je conduisais tu conduisais il conduisait n. conduisions v. conduisiez ils conduisaient	je conduise tu conduises il conduise n. conduisions v. conduisiez ils conduisent
36. rire riant ri	je ris tu ris il rit n. rions v. riez ils rient	ris rions riez	je riais tu riais il riait n. riions v. riiez ils riaient	je rie tu ries il rie n. riions v. riiez ils rient
37. faire faisant fait	je fais tu fais il fait n. faisons /f(ə-)zɔ̃/ v. faites ils font	fais faisons faites	je faisais tu faisais il faisait n. faisions v. faisiez ils faisaient	je fasse tu fasses il fasse n. fassions v. fassiez ils fassent
38. plaire plaisant plu	je plais tu plais il plaît n. plaisons v. plaisez ils plaisent	plais plaisons plaisez	je plaisais tu plaisais il plaisait n. plaisions v. plaisiez ils plaisaient	je plaise tu plaises il plaise n. plaisions v. plaisiez ils plaisent
39. écrire écrivant écrit	j' écris tu écris il écrit n. écrivons v. écrivez ils écrivent	écris écrivons écrivez	j' écrivais tu écrivais il écrivait n. écrivions v. écriviez ils écrivaient	j' écrive tu écrives il écrive n. écrivions v. écriviez ils écrivent

直説法単純未来	条件法現在	直説法単純過去	接続法半過去	同型の動詞・備考
je lirai tu liras il lira n. lirons v. lirez ils liront	je lirais tu lirais il lirait n. lirions v. liriez ils liraient	je lus tu lus il lut n. lûmes v. lûtes ils lurent	je lusse tu lusses il lût n. lussions v. lussiez ils lussent	lireの派生動詞： élire, relire
je suffirai tu suffiras il suffira n. suffirons v. suffirez ils suffiront	je suffirais tu suffirais il suffirait n. suffirions v. suffiriez ils suffiraient	je suffis tu suffis il suffit n. suffîmes v. suffîtes ils suffirent	je suffisse tu suffisses il suffît n. suffissions v. suffissiez ils suffissent	
je dirai tu diras il dira n. dirons v. direz ils diront	je dirais tu dirais il dirait n. dirions v. diriez ils diraient	je dis tu dis il dit n. dîmes v. dîtes ils dirent	je disse tu disses il dît n. dissions v. dissiez ils dissent	direの派生動詞： redire ; interdire, contredire, prédire (dire, redire以外は直現 vousの語尾が原則どお り-ezとなる)
je conduirai tu conduiras il conduira n. conduirons v. conduirez ils conduiront	je conduirais tu conduirais il conduirait n. conduirions v. conduiriez ils conduiraient	je conduisis tu conduisis il conduisit n. conduisîmes v. conduisîtes ils conduisirent	je conduisisse tu conduisisses il conduisît n. conduisissions v. conduisissiez ils conduisissent	-uireで終わる動詞： construire, cuire, détruire, introduire, produire, réduire, séduire, traduire; nuire (過分はnui)
je rirai tu riras il rira n. rirons v. rirez ils riront	je rirais tu rirais il rirait n. ririons v. ririez ils riraient	je ris tu ris il rit n. rîmes v. rîtes ils rirent	je risse tu risses il rît n. rissions v. rissiez ils rissent	sourire
je ferai tu feras il fera n. ferons v. ferez ils feront	je ferais tu ferais il ferait n. ferions v. feriez ils feraient	je fis tu fis il fit n. fîmes v. fîtes ils firent	je fisse tu fisses il fît n. fissions v. fissiez ils fissent	faireの派生動詞： contrefaire, défaire, refaire, satisfaire
je plairai tu plairas il plaira n. plairons v. plairez ils plairont	je plairais tu plairais il plairait n. plairions v. plairiez ils plairaient	je plus tu plus il plut n. plûmes v. plûtes ils plurent	je plusse tu plusses il plût n. plussions v. plussiez ils plussent	plaireの派生動詞： complaire, déplaire; taire (ただし直現 il tait)
j' écrirai tu écriras il écrira n. écrirons v. écrirez ils écriront	j' écrirais tu écrirais il écrirait n. écririons v. écririez ils écriraient	j' écrivis tu écrivis il écrivit n. écrivîmes v. écrivîtes ils écrivirent	j' écrivisse tu écrivisses il écrivît n. écrivissions v. écrivissiez ils écrivissent	-écrire, -scrireで終わ る動詞： décrire, inscrire, prescrire, souscrire, transcrire

不定詞 現在分詞 過去分詞	直説法現在	命令法現在	直説法半過去	接続法現在
40. vivre vivant vécu	je vis tu vis il vit n. vivons v. vivez ils vivent	vis vivons vivez	je vivais tu vivais il vivait n. vivions v. viviez ils vivaient	je vive tu vives il vive n. vivions v. viviez ils vivent
41. suivre suivant suivi	je suis tu suis il suit n. suivons v. suivez ils suivent	suis suivons suivez	je suivais tu suivais il suivait n. suivions v. suiviez ils suivaient	je suive tu suives il suive n. suivions v. suiviez ils suivent
42. résoudre résolvant résolu	je résous tu résous il résout n. résolvons v. résolvez ils résolvent	résous résolvons résolvez	je résolvais tu résolvais il résolvait n. résolvions v. résolviez ils résolvaient	je résolve tu résolves il résolve n. résolvions v. résolviez ils résolvent
43. croire croyant cru	je crois tu crois il croit n. croyons v. croyez ils croient	crois croyons croyez	je croyais tu croyais il croyait n. croyions v. croyiez ils croyaient	je croie tu croies il croie n. croyions v. croyiez ils croient
44. boire buvant bu	je bois tu bois il boit n. buvons v. buvez ils boivent	bois buvons buvez	je buvais tu buvais il buvait n. buvions v. buviez ils buvaient	je boive tu boives il boive n. buvions v. buviez ils boivent
45. voir voyant vu	je vois tu vois il voit n. voyons v. voyez ils voient	vois voyons voyez	je voyais tu voyais il voyait n. voyions v. voyiez ils voyaient	je voie tu voies il voie n. voyions v. voyiez ils voient
46. savoir sachant su	je sais tu sais il sait n. savons v. savez ils savent	sache sachons sachez	je savais tu savais il savait n. savions v. saviez ils savaient	je sache tu saches il sache n. sachions v. sachiez ils sachent
47. devoir devant dû, due, dus, dues	je dois tu dois il doit n. devons v. devez ils doivent	dois devons devez	je devais tu devais il devait n. devions v. deviez ils devaient	je doive tu doives il doive n. devions v. deviez ils doivent

直説法単純未来	条件法現在	直説法単純過去	接続法半過去	同型の動詞・備考
je vivrai tu vivras il vivra n. vivrons v. vivrez ils vivront	je vivrais tu vivrais il vivrait n. vivrions v. vivriez ils vivraient	je vécus tu vécus il vécut n. vécûmes v. vécûtes ils vécurent	je vécusse tu vécusses il vécût n. vécussions v. vécussiez ils vécussent	vivreの派生動詞： revivre, survivre
je suivrai tu suivras il suivra n. suivrons v. suivrez ils suivront	je suivrais tu suivrais il suivrait n. suivrions v. suivriez ils uivraient	je suivis tu suivis il suivit n. suivîmes v. suivîtes ils suivirent	je suivisse tu suivisses il suivît n. suivissions v. suivissiez ils suivissent	poursuivre
je résoudrai tu résoudras il résoudra n. résoudrons v. résoudrez ils résoudront	je résoudrais tu résoudrais il résoudrait n. résoudrions v. résoudriez ils résoudraient	je résolus tu résolus il résolut n. résolûmes v. résolûtes ils résolurent	je résolusse tu résolusses il résolût n. résolussions v. résolussiez ils résolussent	
je croirai tu croiras il croira n. croirons v. croirez ils croiront	je croirais tu croirais il croirait n. croirions v. croiriez ils croiraient	je crus tu crus il crut n. crûmes v. crûtes ils crurent	je crusse tu crusses il crût n. crussions v. crussiez ils crussent	
je boirai tu boiras il boira n. boirons v. boirez ils boiront	je boirais tu boirais il boirait n. boirions v. boiriez ils boiraient	je bus tu bus il but n. bûmes v. bûtes ils burent	je busse tu busses il bût n. bussions v. bussiez ils bussent	
je verrai tu verras il verra n. verrons v. verrez ils verront	je verrais tu verrais il verrait n. verrions v. verriez ils verraient	je vis tu vis il vit n. vîmes v. vîtes ils virent	je visse tu visses il vît n. vissions v. vissiez ils vissent	voirの派生動詞： entrevoir, revoir
je saurai tu sauras il saura n. saurons v. saurez ils sauront	je saurais tu saurais il saurait n. saurions v. sauriez ils sauraient	je sus tu sus il sut n. sûmes v. sûtes ils surent	je susse tu susses il sût n. sussions v. sussiez ils sussent	
je devrai tu devras il devra n. devrons v. devrez ils devront	je devrais tu devrais il devrait n. devrions v. devriez ils devraient	je dus tu dus il dut n. dûmes v. dûtes ils durent	je dusse tu dusses il dût n. dussions v. dussiez ils dussent	

不定詞 現在分詞 過去分詞	直説法現在	命令法現在	直説法半過去	接続法現在
48. recevoir recevant reçu	je reçois tu reçois il reçoit n. recevons v. recevez ils reçoivent	reçois recevons recevez	je recevais tu recevais il recevait n. recevions v. receviez ils recevaient	je reçoive tu reçoives il reçoive n. recevions v. receviez ils reçoivent
49. asseoir asseyant [assoyant] assis	j' assieds tu assieds il assied n. asseyons v. asseyez ils asseyent	assieds asseyons asseyez	j' asseyais tu asseyais il asseyait n. asseyions v. asseyiez ils asseyaient	j' asseye tu asseyes il asseye n. asseyions v. asseyiez ils asseyent
	j' assois tu assois il assoit n. assoyons v. assoyez ils assoient	assois assoyons assoyez	j' assoyais tu assoyais il assoyait n. assoyions v. assoyiez ils assoyaient	j' assoie tu assoies il assoie n. assoyions v. assoyiez ils assoient
50. valoir valant valu	je vaux tu vaux il vaut n. valons v. valez ils valent		je valais tu valais il valait n. valions v. valiez ils valaient	je vaille tu vailles il vaille n. valions v. valiez ils vaillent
51. vouloir voulant voulu	je veux tu veux il veut n. voulons v. voulez ils veulent	veuille veuillons veuillez	je voulais tu voulais il voulait n. voulions v. vouliez ils voulaient	je veuille tu veuilles il veuille n. voulions v. vouliez ils veuillent
52. pouvoir pouvant pu	je peux [puis] tu peux il peut n. pouvons v. pouvez ils peuvent		je pouvais tu pouvais il pouvait n. pouvions v. pouviez ils pouvaient	je puisse tu puisses il puisse n. puissions v. puissiez ils puissent
53. falloir fallu	il faut		il fallait	il faille
54. pleuvoir pleuvant plu	il pleut		il pleuvait	il pleuve

直説法単純未来	条件法現在	直説法単純過去	接続法半過去	同型の動詞・備考
je recevrai tu recevras il recevra n. recevrons v. recevrez ils recevront	je recevrais tu recevrais il recevrait n. recevrions v. recevriez ils recevraient	je reçus tu reçus il reçut n. reçûmes v. reçûtes ils reçurent	je reçusse tu reçusses il reçût n. reçussions v. reçussiez ils reçussent	-cevoirで終わる動詞： apercevoir, concevoir, décevoir, percevoir
j' assiérai tu assiéras il assiéra n. assiérons v. assiérez ils assiéront	j' assiérais tu assiérais il assiérait n. assiérions v. assiériez ils assiéraient	j' assis tu assis il assit n. assîmes v. assîtes ils assirent	j' assisse tu assisses il assît n. assissions v. assissiez ils assissent	
j' assoirai tu assoiras il assoira n. assoirons v. assoirez ils assoiront	j' assoirais tu assoirais il assoirait n. assoirions v. assoiriez ils assoiraient			
je vaudrai tu vaudras il vaudra n. vaudrons v. vaudrez ils vaudront	je vaudrais tu vaudrais il vaudrait n. vaudrions v. vaudriez ils vaudraient	je valus tu valus il valut n. valûmes v. valûtes ils valurent	je valusse tu valusses il valût n. valussions v. valussiez ils valussent	
je voudrai tu voudras il voudra n. voudrons v. voudrez ils voudront	je voudrais tu voudrais il voudrait n. voudrions v. voudriez ils voudraient	je voulus tu voulus il voulut n. voulûmes v. voulûtes ils voulurent	je voulusse tu voulusses il voulût n. voulussions v. voulussiez ils voulussent	
je pourrai tu pourras il pourra n. pourrons v. pourrez ils pourront	je pourrais tu pourrais il pourrait n. pourrions v. pourriez ils pourraient	je pus tu pus il put n. pûmes v. pûtes ils purent	je pusse tu pusses il pût n. pussions v. pussiez ils pussent	直説法現在のje puisは 文語的. 倒置形は常にpuis-jeで あり，×peux-jeは用い ない.
il faudra	il faudrait	il fallut	il fallût	
il pleuvra	il pleuvrait	il plut	il plût	

新システマティック
フランス語文法
nouvelle
grammaire systématique du français

著　者

©

倉方　秀憲

2014年3月20日　初版発行
2021年3月20日　3版3刷発行

定価本体　2,300 円 （税別）

発行者　山　崎　雅　昭
印刷所　音 羽 印 刷 株 式 会 社
製本所　壺 屋 製 本 株 式 会 社

発行所 早美出版社
東京都青梅市日向和田2-379
郵便番号198-0046
TEL. /FAX. 0428 (27) 0995
振替　東京 00160-3-100140

ISBN978-4-86042-093-2 C3085 ¥2300E
http://www.sobi-shuppansha.com

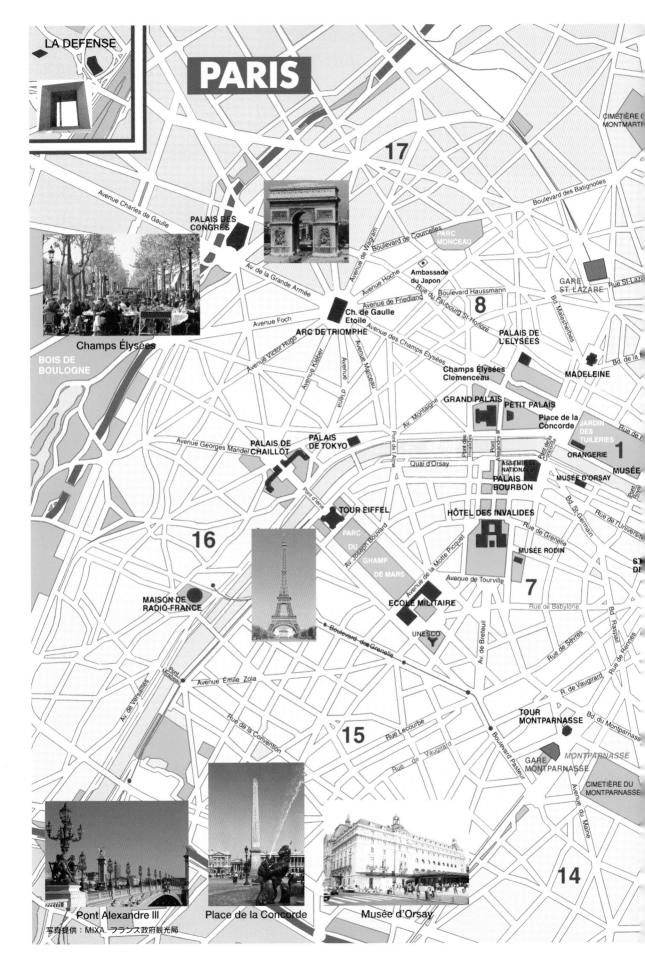

PARIS

Champs Élysées

Pont Alexandre III

Place de la Concorde

Musée d'Orsay

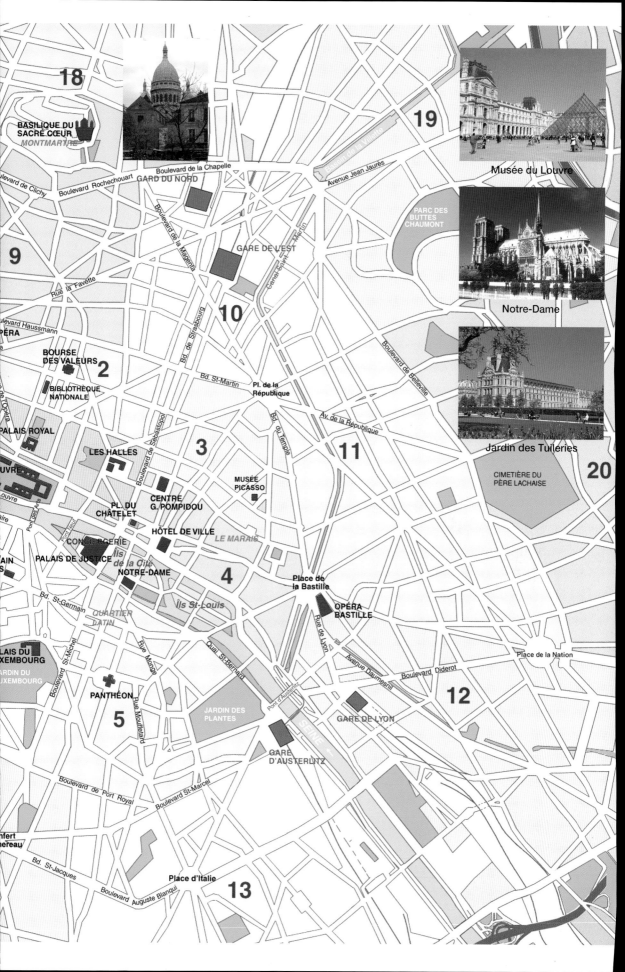

18

BASILIQUE DU
SACRÉ CŒUR
MONTMARTRE

19

Musée du Louvre

Boulevard de Clichy

Boulevard Rochechouart

Boulevard de la Chapelle

GARD DU NORD

Avenue Jean Jaurès

Bassin de la Villette

9

Boulevard de la Magenta

Rue la Fayette

GARE DE L'EST

PARC DES
BUTTES
CHAUMONT

Boulevard Haussmann

OPÉRA

BOURSE
DES VALEURS

2

BIBLIOTHÈQUE
NATIONALE

Bd. de Strasbourg

10

Bd. St-Martin

Pl. de la
République

Canal Saint-Martin

Boulevard de Belleville

Notre-Dame

PALAIS ROYAL

Boulevard de Sébastopol

3

Bd. du Temple

Av. de la République

11

Jardin des Tuileries

LES HALLES

MUSÉE
PICASSO

CENTRE
G. POMPIDOU

PL. DU
CHÂTELET

HÔTEL DE VILLE

LE MARAIS

20

CIMETIÈRE DU
PÈRE LACHAISE

Rue des Arts

LOUVRE

Louvre

CONCIERGERIE

Île
de la Cité

PALAIS DE JUSTICE

NOTRE-DAME

4

Place de
la Bastille

FONTAIN...

Pont Neuf

Île St-Louis

OPÉRA
BASTILLE

Bd. St-Germain

QUARTIER
LATIN

PALAIS DU
LUXEMBOURG

JARDIN DU
LUXEMBOURG

Bd. St-Michel

Rue Monge

Quai St-Bernard

Rue de Lyon

Place de la Nation

Avenue Daumesnil

Boulevard Diderot

12

PANTHÉON

Rue Mouffetard

5

JARDIN DES
PLANTES

Pont d'Austerlitz

GARE DE LYON

SEINE

GARE
D'AUSTERLITZ

Boulevard de Port Royal

Boulevard St-Marcel

Boulevard St-Jacques

...fert
...ereau

Bd. St-Jacques

Place d'Italie

Boulevard Auguste Blanqui

13